El lenguaje del cuerpo

El lenguaje del cuerpo

Edwin Neumann

esenciales

ROBIN BOOK

© 2017, Edwin Neumann

© 2017, Redbook Ediciones, s. l., Barcelona

Diseño de cubierta: Regina Richling

Diseño interior: Regina Richling

ISBN: 978-84-9917-461-7

Depósito legal:B-11.312-2017

Impreso por Sagrafic, Plaza Urquinaona 14, 7°-3ª

08010 Barcelona

Impreso en España - *Printed in Spain*

Índice

Introducción

En la comunicación no verbal se producen una gran cantidad de mensajes que no se expresan con palabras: pueden ir desde el color de los ojos, los movimientos del cuerpo, la postura que adoptamos mientras estamos sentados, hasta el tono de voz o la distribución de los objetos que nos rodean.

Un bebé solo puede comunicarse con el medio a través del propio cuerpo, llorando cuando tiene hambre o frío o más adelante girando la cabeza para decir «No». Los seres humanos nos comunicamos a través del cuerpo desde múltiples perspectivas. Obtenemos una primera impresión de una persona través de lo que nos transmite su postura, su presencia, sus gestos, su expresión facial. Y a partir de ahí emitimos un juicio que nos llevará a interactuar de una determinada manera.

Un cuerpo puede expresar múltiples emociones. Una persona deprimida, por ejemplo, lo manifestará a través de unos brazos caídos, un tono de voz bajo… Cuando alguien siente miedo es fácil observarlo por su respiración agitada, la sudoración excesiva o una expresión facial en la que priman unos ojos bien abiertos.

A través de ciertos movimientos del cuerpo también pueden expresarse diversos estados emocionales: una persona que se siente poderosa va con la cabeza en alto y el cuello erguido; un mérito profesional o personal lo simbolizamos abriendo los brazos con el signo de victoria; una persona que se siente inferior a otra se encoge y baja la cabeza en señal de sumisión, etc.

El cuerpo tiene muchas formas de comunicarse. Este libro es una invitación a conocerlas para saber interpretar nuestros propios sentimientos o emociones y los de las personas con las que nos relacionamos a diario.

1. El lenguaje no verbal

El lenguaje corporal es una forma de comunicación que utiliza gestos, posturas y movimientos del cuerpo y el rostro con el fin de transmitir emociones y pensamientos del emisor.

Los actores del cine mudo fueron grandes artífices a la hora de expresarse mediante este tipo de comunicación no verbal. Hoy en día, los realizadores de televisión emplean numerosos signos para comunicarse con sus compañeros de televisión: un fallo técnico se señala situando horizontalmente el dedo índice de una mano sobre el dedo índice vertical de la otra, formando la letra T. Y un dedo haciendo un círculo en el aire advierte que el programa está siendo retransmitido, mientras que el mismo dedo haciendo un espiral en el aire significa que el tiempo se está acabando.

Los investigadores coinciden en señalar que la palabra es la principal herramienta para proporcionar información, mientras que el canal no verbal se usa para expresar las actitudes personales o como sustituto de los mensajes verbales. La especie humana está dirigida por leyes biológicas que controlan nuestros actos: rara vez es consciente de sus posturas, movimientos, gestos, explican una historia mientras que la voz cuenta otra diferente.

Cuando se califica a alguien de intuitivo o perceptivo, significa que tiene capacidad para leer las claves no verbales de otra persona. O cuando decimos que intuimos que alguien nos ha mentido quiere decir, en realidad, que el lenguaje de su cuerpo no coincide con lo que se ha dicho. Por lo general, las mujeres son más perceptivas que los hombres, ya que tienen una rara habilidad innata para percibir y descifrar señales no verbales. Y esa función se agudiza cuando se crían niños, ya que la madre se comunica con sus hijos en los primeros años de vida de estos mediante una forma no verbal.

Los signos

Al observar a una persona se pueden identificar ciertos signos y señales que delatan algunas nociones de confianza. Por ejemplo:

- El contacto con los ojos debe de ser directo y mostrando una cara sonriente.

- La postura debe de ser de pie y con los hombros hacia atrás.

- Los gestos con las manos y los brazos deben de seguir a las palabras.

- El discurso debe de ser lento y claro, y el tono de voz debe de ser moderado.

Los signos pueden ser directamente traducidos en una palabra y formar parte de una cultura determinada. Por ejemplo el signo del pulgar hacia arriba, el signo de la victoria con dos dedos, el pulgar y el índice unidos para señalar que algo es correcto… Los submarinistas utilizan el mismo signo para señalar que todo va bien, imitando comer o beber para expresar hambre o sed o las dos manos juntas en un lado de la cara para indicar que se muestra cansancio.

Muchos signos solo pueden ser interpretados en el seno de una cultura: por ejemplo, los americanos ponen uno o dos dedos juntos en la sien para simbolizar una pistola; los indios del sur de Nueva Guinea aprietan su garganta con una mano para indicar la idea de suicidio.

Pero no todos los signos proceden de dedos, manos o brazos. Una nariz arrugada puede indicar un signo de disgusto; encoger los hombres es sinónimo de duda y sacudir la cabeza es síntoma de negación.

Características generales de la comunicación no verbal

- La comunicación no verbal, generalmente, mantiene una relación de interdependencia con la interacción verbal.
- Con frecuencia los mensajes no verbales tienen más significación que los mensajes verbales.
- En cualquier situación comunicativa, la comunicación no verbal es inevitable.
- En los mensajes no verbales, predomina la función expresiva o emotiva sobre la referencial.
- En culturas diferentes, hay sistemas no verbales diferentes.
- Existe una especialización de ciertos comportamientos para la comunicación.

Gestos que también aportan información

Se trata de gestos y posturas que adoptamos cuando hablamos con una persona. Según sean estas posturas indicarán nuestro interés y actitud hacia sus palabras. Tanto si estamos de pie como si estamos sentados, ya que la manera de colocar los brazos y las piernas proporcionará información sobre nuestro estado de ánimo y nuestras preocupaciones, si estamos aburridos ante su exposición o si nos mostramos interesados en lo que está diciendo.

Una sonrisa, por ejemplo, reflejará que nos sentimos a gusto, seguros. Las formas en que expresamos nuestras dudas, bien sea mediante una expresión oral o gestual, también ofrecerá muchas pistas sobre cómo nos sentimos. Mientras que las palabras que acostumbramos a elegir y la forma en que construimos cada frase transmitirán el mensaje a la otra persona de una determinada manera. Para determinar el tipo de gesto que empleamos al comunicarnos con otra persona son necesarios unos ingredientes determinados:

- Los gestos que delatan a una persona se clasifican en dos tipos de categorías: los atributos (la altura o el peso de un individuo, por ejemplo), y las acciones (asir a una persona por el brazo, arrugar la nariz, hacer muecas, cerrar los ojos).

- Las acciones verbales o gestuales deben indicar los pensamientos, el estado anímico o las intenciones que queremos comunicar.

- Cualquier mensaje que pretendamos comunicar debe ser perceptible: Los movimientos corporales elocuentes suelen llamar más la atención, mientras que los pequeños gestos suelen pasar desapercibidos.

- No es suficiente percibir una determinada postura de nuestro interlocutor: hay que reconocer qué es lo que nos quiere decir con ello.

De todas maneras hay gestos que son inapreciables y existen con la deliberada intención de mantener un secreto. Estas señales secretas solo pueden ser captadas por ciertas personas que pueden descodificar el mensaje. Dos personas enamoradas a menudo recurren a pequeñas señales que solo conocen ambos y que el entorno no consigue descifrar. O los miembros de una sociedad secreta, que pueden identificarse los unos con los otros por la forma de estrecharse la mano. Cuando alguien miente o se siente nervioso, los signos delatores de sus verdaderos sentimientos resultan casi siempre inapreciables. Cuando alguien revela una experiencia dolorosa suelen aflorar unas muecas de dolor momentáneas en su rostro.

Los gestos delatores del rostro suelen distinguirse por la brevedad. Al intentar ocultar nuestros pensamientos puede irrumpir en la cara una cierta expresión o determinados movimientos faciales. Cuando el pensamiento ha logrado materializarse en la expresión de la cara, los procesos que controlan nuestra conducta se ponen en acción y eliminan la expresión deseada.

Un gesto así puede aparecer en cualquier parte del cuerpo, pero lo más habitual es que aparezca en el rostro. Si un gesto delator aparece en el rostro parecerá evidente que existe el conflicto. Y cuando el estado emocional negativo preside nuestra vida, aparece el gesto delator en el rostro.

Los pequeños gestos delatores suelen mostrar las emociones que tratamos de disimular. Como por ejemplo el miedo, la sorpresa, la tristeza o el disgusto. No suele ser tarea fácil reconocer la mayoría de gestos delatores faciales, pero con un poco de práctica resulta fácil reconocerlos. Las personas hábiles en descubrir e interpretar gestos en el rostro suelen estar interesados en la gente y por tanto muestran una mayor capacidad para identificar a las personas que mienten.

Ciertos gestos discretos pueden pasar desapercibidos ya que operan con sutileza. Por ejemplo una lágrima en el ojo puede pasar por una mota de polvo cuando en realidad es una expresión de tristeza.

En ocasiones se trata de gestos inconscientes: como por ejemplo el caso de una persona que miente de manera impulsiva y se toca los labios como si quisiera sellarlos. Pero llevarse la mano a los labios, si se hace de forma insistente, también puede indicar que se trata de una persona pensativa que medita sus palabras antes de decirlas.

Gestos genuinos y gestos falsos

Los gestos genuinos revelan lo que suele pasarnos por la cabeza y a menudo descubren información que no queremos que otras personas conozcan.

Los gestos delatores no intencionados suelen ser genuinos. Acciones como sonrojarse, sudar o tener las pupilas dilatadas son signos que delatan que algo está escapando de nuestro control. Ponerse rojo es síntoma de estar cohibido por algo, sudar en exceso es síntoma de preocupación. Y una persona a la que se le dilatan las pupilas significará que se siente estimulada emocionalmente.

Los gestos genuinos aparecen cuando la gente no es sincera, al intentar aparentar un mayor control o seguridad de la que realmente tiene, al mentir o al intentar encubrir las verdaderas intenciones. La mayoría de las personas se sienten incómodas al mentir y determinados gestos los delatan.

Cuando alguien se lleva las manos a la cara suele denotar algún tipo de inseguridad o desconfianza. Por ejemplo:

- Taparse o tocarse la boca: Si se hace mientras se habla puede significar un intento de ocultar algo. Si se realiza mientras se escucha puede ser la señal de que esa persona cree que se le está ocultando algo.

- Tocarse la oreja: Es la representación inconsciente del deseo de bloquear las palabras que se oyen. Si el interlocutor realiza este gesto mientras está hablando puede significar que desea que la otra persona deje de hablar.

- Tocarse la nariz: Puede indicar que alguien está mintiendo. Al mentir se liberan catecolaminas, unas sustancias que inflaman el tejido interno de la nariz y pueden provocar picor. También ocurre cuando alguien se enfada o se molesta.

- Frotarse un ojo: Es un intento de bloquear lo que se ve para no tener que mirar a la cara a la persona a la que se miente. Cuidado con la gente que se toca mucho la nariz y se frota los ojos cuando habla con nosotros.

• Rascarse el cuello: Señal de incertidumbre o de duda con lo que uno mismo está diciendo.

• Llevarse un dedo o algo a la boca: Significa inseguridad o necesidad de tranquilizarse, en una expresión inconsciente de volver a la seguridad de la madre.

En cambio, un gesto delator falso suele revelar algo acerca de alguien, aunque no sea cierto. Esto sucede porque el gesto delator no es de fiar o bien porque alguien no usa dicho gesto con sinceridad, esto es, trata de que las otras personas puedan llegar a una conclusión equivocada sobre sus pensamientos o sentimientos.

Un gesto falso ocurre cuando alguien simula algún tipo de movimiento sin poseer el atributo o el estado mental que acompaña a dicho movimiento. Las investigaciones han demostrado que el 55% de la comunicación no verbal es facial. Cuando ocurre una emoción, hay músculos del rostro que se activan involuntariamente; solo mediante el hábito o por propia decisión consciente la gente aprende a ocultar expresiones. El rostro suele contener un doble mensaje: por un lado, lo que el mentiroso quiere mostrar, por el otro, lo que quiere ocultar. Por esto, los profesionales tienen en cuenta las microexpresiones, que son sinceras, duran un cuarto de segundo y se intercalan entre las falsas. Estas señales son casi imposibles de notar; los profesionales las perciben con dificultad revisando una y otra vez un vídeo del rostro.

Las llamadas expresiones abortadas son más notorias. Se refieren a los gestos que emite una persona cuando se da cuenta de que su cara comienza a mostrar algo que no quiere.

Para practicar se puede comenzar con algunas señales más evidentes, como averiguar si una sonrisa es verdadera o falsa: si la parte inferior de la cara muestra los dientes, pero los ojos no se arrugan, es una sonrisa mentirosa. Asimismo, al hecho de rascarse la nariz ante preguntas comprometedoras, se le conoce como efecto pinocho; al mentir, se pueden dilatar los vasos sanguíneos de la nariz, de forma que se hincha. Aunque este aumento de tamaño no es visible, el efecto final, unido a la sudoración, genera la necesidad de rascarse.

A pesar de lo que se dice, la mirada firme no es garantía de honestidad. Muchos mentirosos confían en que se verán más francos si no apartan demasiado los ojos, desarrollando algún grado de control que llega a ser muy efectivo.

Los gestos de los políticos

Los políticos de alto nivel construyen su imagen gracias a asesores y profesionales que enfatizan los aspectos personales positivos del líder para construir un buen relato de él. A lo largo de la historia algunos gestos de ciertos políticos han pasado a ser marcas personales del personaje que han pasado a la posteridad.

Así, el escritor romano Plutarco cuenta que Julio César tenía el hábito de rascarse la cabeza con el dedo índice en vez de utilizar todos los dedos de la mano. Lo que significaba que trataba de no despeinarse más de lo necesario.

El cardenal Mazarino fue un astuto diplomático y estadista que alcanzó el poder absoluto en tiempos de Luis XIV. Sus consejos a los políticos que debían mostrarse en público han pasado a la historia de las recomendaciones a los gobernantes.

- Examina cada parte de tu cuerpo: ¿tienes la mirada demasiado insolente? ¿Las piernas muy rígidas o la cabeza más erguida de lo que conviene? ¿Tienes arrugas en la frente, muy apretados los labios, demasiado lento o demasiado rápido el paso?

- La expresión de tu rostro, al igual que tu corazón, adáptalas a ese sentimiento que quieras expresar, y también la flexión de la voz, a la vez que tus palabras. De hecho, en la cara se pueden leer la mayoría de los sentimientos.

- Vigila que tu curiosidad no rebase el límite de tus astutas cejas. Así actúan los hombres que son tenidos por astutos, hábiles y previsores.

- Finge humildad, candor, amabilidad y buen humor. Muéstrate elogioso, agradecido y disponible hasta con quienes no se lo merecen.

- Con los melancólicos muéstrate serio, con los coléricos, bilioso, y con tus superiores, paciente.

Hitler, por el contrario, solía entrelazar las manos a la altura de los genitales cuando estaba de pie, una posición que lo mantenía a la defensiva y que denotaba a una persona absolutamente insegura.

Los gestos delatores de las personas están por todas partes y han recorrido la historia de la humanidad. Cada postura que se adopta, aunque parezca imperceptible, cada expresión de la cara, es un reflejo de los pensamientos y sentimientos de una persona. Pero los gestos que delatan la actitud de la persona no solo se reducen al ámbito de la conversación: incluso cuando la gente está sola, se toca la cara, se rasca la cabeza, etc., aportando pistas sobre su estado mental. Los gestos controlados por procesos involuntarios son indicadores muy precisos de las emociones de una persona, mucho más de lo que pueden indicar las palabras.

Hay gestos fáciles de comprender, como cuando una persona se sonroja. Otos, en cambio, pueden pasar completamente desapercibidos. Cuando una persona se centra en los gestos delatores de quienes le rodean, consigue que sus relaciones sean más satisfactorias. Además, ello ayudará a comprender su propio comportamiento y el impacto que nuestras actuaciones ejercen sobre los demás.

El carácter según el lenguaje corporal

Existen señales que demuestran características propias de comportamientos propios en individuos:

Agresividad

- ❏ La persona tiende a cerrar los puños fuertemente.
- ❏ El cuerpo se mantiene rígido.
- ❏ Señala con el dedo.
- ❏ Contacto visual prolongado.
- ❏ Acercarse demasiado a la otra persona.

Manipulación

- ❏ Gestos exagerados
- ❏ Tono de voz muy dulce
- ❏ Exceso y abuso de contactos físicos con la otra persona.
- ❏ Sobreactúa sus movimientos.

Sumisión

- ❏ Taparse la boca o parcialmente la cara.
- ❏ Imitar el tono de voz o estado de ánimo de la otra persona.
- ❏ Poco contacto visual.

❏ Risa nerviosa.
❏ Asiente constantemente.

Autoconfianza

❏ Postura erguida pero relajada.
❏ Contacto visual directo pero con pequeñas retira-
das.
❏ Gestos calmados.
❏ Tiene los brazos y piernas con una postura ligera-
mente abierta.
❏ Mantiene una distancia apropiada.

Cada vez que acompañamos nuestras palabras con un algún gesto, una mirada o una sonrisa especial mostramos nuestros verdaderos pensamientos y sentimientos.

2. Los gestos del cuerpo

Cualquier persona puede hacer un análisis aproximado del carácter de un individuo basándose en su manera de moverse. La forma en que lo haga representará un rasgo bastante estable de su personalidad. Por ejemplo la acción de caminar. Este hecho puede indicar muchas cosas. Una persona que taconea con fuerza al caminar puede dar la impresión de ser un individuo decidido. En cambio, si camina ligero, podrá parecer impaciente o agresivo. Si, con el mismo impulso, lo hace más lentamente, de manera homogénea, puede dar a entender que se trata de una persona paciente y perseverante.

Si una persona levanta las caderas de manera exagerada puede dar la impresión de que tenga mucha confianza en sí misma. Si lo hace con una leve rotación es que se trata de alguien que camina de una manera garbosa y desenfadada.

La proporción entre gesto y postura es una forma de evaluar el grado de participación de un individuo en una situación dada. Un hombre que sacude enérgicamente los brazos no resultará del todo convincente si sus movimientos no se extienden al resto del cuerpo.

Las actitudes corporales son reflejo de los pensamientos de un individuo. Una persona puede estar inmóvil o sentada hacia delante de manera activa. Estas posturas y sus variaciones representan la forma como uno se relaciona y orienta hacia los demás.

Según la altura

La relación entre la estatura de una persona y su estado social suele estar directamente relacionada en la mayoría de las sociedades. ¿Qué significa esto? Pues que las personas más altas suelen tener más éxito que las de menor estatura. Además, se las considera más inteligentes, más sanas y suelen vivir más años.

La asociación simbólica entre estatura y poder viene de antaño. El lenguaje simbólico se ha adaptado a estas circunstancias: hablamos del cabeza de familia, por ejemplo, para designar a aquella persona que está al cabo de una organización familiar. Las mujeres suelen, por lo general, buscar como pareja a un individuo más alto que ellas ya que suelen ser sinónimo de éxito reproductivo.

Por eso es importante tratar siempre de posicionarse de manera correcta: sentarse con la espalda bien recta o, al estar de pie, mantenerse bien erguido. Los psicólogos han descubierto que la gente que adopta una postura erguida proyecta una imagen más dominante y expresan una mayor confianza y optimismo que la gente que adopta una postura encorvada y deja caer los hombros hacia delante. La gente deprimida o abatida puede mejorar su estado de ánimo al sentarse con la espalda bien recta y adoptar una postura más erguida: una persona encorvada denota una cierta actitud de fracaso.

De igual manera, cuando en una reunión una persona se sitúa al cabo de la mesa, suele llamar toda la atención y ser la persona que lleva la voz cantante. Pero las posiciones ocupadas en una reunión también ejercen otro tipo de influencia. Las personas que se sientan alrededor de una mesa tienen una mayor predisposición a conversar con la persona que tienen enfrente e ignorar a las que tienen a su lado o en los extremos de la mesa.

Las puntas de los pies

Por norma general, cuando estamos sentadas o sentados pero, sobre todo, cuando estamos de pie, las puntas de nuestros pies apuntan al lugar o persona donde tenemos puesto el foco de atención.

Esto se puede observar cuando un grupo de personas está charlando de pie. Normalmente, cuando hay un o una líder evidente en el grupo, todos los pies apuntan a esa persona. Si en ese grupo hay una persona que se siente atraída hacia otra (ya sea atracción sexual, admiración o una fuerte simpatía), sus pies apuntarán hacia esa persona. Si en el grupo hay una persona desagradable o antipática, casi con seguridad ningún pie apuntará hacia ella.

Por otro lado, si al charlar con alguien sus pies apuntan hacia la puerta de salida, es factible pensar que la conversación no le gusta demasiado. A veces es una simple cuestión de cambiar de tema para comprobar si realmente el problema era que a esa persona no le interesa en absoluto el tema que estamos tratando.

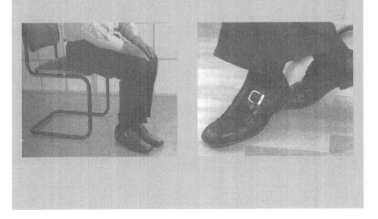

La postura adoptada al estar de pie denota nuestro estado social o el estado que creemos merecer. Los individuos dominantes optan por disponer las piernas en V, con las piernas abiertas y rectas, sin flexionar. Los individuos subordinados se decantan por las piernas en paralelo y los pies juntos.

La primera postura ofrece más estabilidad que la de las piernas en paralelo. La posición de las piernas en forma de V proyecta la idea de masculinidad y de amenaza. El mensaje amenazador procede de la inmovilidad de la postura: cuando alguien separa las piernas está indicando que tiene la intención de no moverse del lugar.

Gestos al sentarse

Las posturas que se adoptan al sentarse también conllevan mensajes sobre dominio y control. Dichas posturas han de servir sobre todo para estar cómodo, pero también han de servir para comunicarse, expresar convenciones e ideas.

Cuando alguien se sienta, posiciona las piernas de una manera determinada para sentirse cómodo: de su postura se desprende un determinado mensaje, aunque a veces ese mensaje no sea intencionado.

Según como se posicionen los pies al sentarse, se pueden identificar tres posturas:

- piernas estiradas,
- piernas en forma de silla,
- piernas encogidas debajo del asiento.

Las personas con una postura dominante prefieren la postura de piernas estiradas. Al extender las piernas se ocupa espacio público de manera simbólica y, por tanto, se reduce el espacio disponible para los otros.

La postura en forma de silla puede aportar información relevante sobre si la persona actúa de forma dominante o de manera sumisa. La gente que se sienta con las rodillas separadas envía unas señales claras de autoridad. Esto es más apreciable en el caso de la postura con las piernas estiradas, cuando las piernas están relajadas y completamente extendidas. También las piernas dobladas, los muslos extendidos y los pies firmemente plantados en el suelo proyecta una imagen de dominio. Otras posturas también proyectan esta imagen de dominio, como por ejemplo la del yunque, con las piernas dobladas, los muslos extendidos y ambos pies plantados firmemente en el suelo.

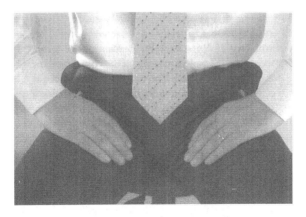

Las posturas asimétricas tienen connotaciones de enorme relajación, por lo que aportan una sensación de más dominio que las posturas simétricas. Así pues, si alguien desea expresar seguridad y control será mejor que se siente con cada una de las dos piernas posicionada de forma diferente.

La relajación es la base de cualquier exhibición de dominio porque sugiere que al individuo no le preocupa la posibilidad de sufrir un ataque y que está preparado para responder fácilmente en el caso de ser necesario.

Las indicaciones posturales consisten en un tono muscular bajo, una ausencia de tensión y una asimetría en la disposición de los brazos y de las piernas.

- Piernas cruzadas: Indican una actitud defensiva o cerrada, protege los genitales y en el caso de las mujeres comunica también un cierto rechazo sexual. Una persona sentada con brazos y piernas cruzados es alguien que se ha retirado totalmente de la conversación.

- Sentado con una pierna elevada apoyada en la otra: Postura típicamente masculina, revela una postura competitiva o preparada para discutir; sería la versión sentada de exhibición de la entrepierna.

- Piernas muy separadas: Es un gesto básicamente masculino que quiere transmitir dominancia y territorialidad.

- Sentada con las piernas enroscadas: En mujeres denota cierta timidez e introversión.

- Sentada con una pierna encima de la otra en paralelo: En las mujeres puede interpretarse como cortejo al intentar llamar la atención hacia las piernas, puesto que en esta postura quedan más presionadas y ofrecen un aspecto más juvenil y sensual.

Brazos en jarras

Los componentes que hacen que una mano en la cadera se convierta en un signo de autoridad son tres:

- Cuando una persona sitúa una mano en su cadera se convierte en alguien potencialmente más amenazador. Si usa las dos manos, el efecto se duplica.

- Los codos son algo duro y puntiagudo que pueden usarse para empujar, hacer palanca o bien apartar a alguien de nuestro camino. Por eso es posible usar los codos de una forma atenuante, casi subliminal. Los brazos en jarras constituyen una amenaza para los demás, sin que estos sean del todo conscientes de las circunstancias.

- La postura de los brazos en jarras se halla a medio camino entre los brazos caídos a un lado y levantados a punto de agredir a alguien. Es, por tanto, una predisposición inicial a realizar un ataque en el que las intenciones quedan disimuladas al estar las manos reposando sobre las caderas.

Antiguamente se consideraba que un hombre que tenía sus brazos en jarras pertenecía a una clase superior. Los aristócratas y los monarcas solían aparecer en los retratos de los cuadros con los brazos en jarras.

En esta postura existen algunas pequeñas variaciones según como se coloquen los dedos:

- Si los dedos se colocan todos hacia delante menos el pulgar, que se esconde detrás: es una postura que reafirma la seguridad y tiene un cierto componente de desafío.

- Si el pulgar se coloca delante y la palma de la mano queda totalmente expuesta: Es una postura que suelen adoptar las mujeres por su facilidad para arquear las manos y los antebrazos sin dificultad.

- Con los puños en contacto directo con la cadera: Es la versión más amenazadora de todas, ya que indica un desafío en toda regla.

En general puede decirse que la manera cómo se orienta el cuerpo también puede transmitir una serie de mensajes de dominio y control.

La cara, el espejo del alma

El rostro es el lugar más importante de emisión de señales gracias al habla y a las peculiaridades de la voz, como el acento y la entonación. También, en la cara pueden verse expresiones que nacen de los ojos y de los músculos de la cabeza y el rostro.

Ciertas expresiones faciales pueden ser involuntarias pero en cambio, otras, son una expresión genuina y voluntaria.

Diferencias entre expresión genuina y simulada

- La expresión simulada suele ser asimétrica, más marcada en una mitad de la cara. Las auténticas son simétricas. La asimetría se produce en las expresiones voluntarias.
- La expresión simulada suele ser más duradera, la genuina dura unos pocos segundos.
- La genuina se sincroniza con otros signos de expresión emocional: movimientos corporales, conducta verbal, etc.

El rostro está en cierto modo sometido a un cierto control consciente, por lo que se trata de un arma perfecta si lo que se pretende es engañar a los congéneres. Es por ello que la cara sigue considerándose la fuente principal de nuestro estado emocional. Gracias a la expresión del rostro, la gente puede apreciar si nos sentimos contentos, abatidos, enfadados, deprimidos o asustados.

Un rostro puede denotar autoridad a partir de los atributos faciales o bien por medio de ciertas acciones. En el primer caso, nos habremos de fijar en unas cejas grandes, una barbilla cuadrada o si los ojos están demasiado juntos. Ciertas acciones como abrir o cerrar mucho los ojos, arquear o no las cejas y propulsar o no la barbilla también darán información al respecto. Mientras que los atributos faciales de una persona pueden durar toda una vida, las acciones faciales pueden cambiar de un segundo a otro.

Las personas que tienen las cejas bajas o que fruncen el ceño con frecuencia suelen ser más dominantes, mientras que aquellas otras que las tienen más altas o las arquean más a menudo suelen ser más sumisas.

- Las cejas cortas: La gente con cejas cortas en general no maneja muy bien el estrés. Tampoco les gusta tener que lidiar con los dramas de sus amigos.

- Las cejas largas: En cambio, las personas con cejas largas manejan mejor el estrés y tienen muchos amigos. Para ellos no es tema tener que escucharlos y aconsejarlos por horas. Generalmente, son buenos trabajadores y muy competitivos.

- Arcos delgados y naturales: Simbolizan a gente que tiende a dudar de sí misma, son inseguros y creen lo que el resto les diga. Viven sin correr muchos riesgos.

- Las cejas muy pobladas: Las cejas gruesas representan a alguien que ama estar activo. Son muy seguros y descifran los problemas rápidamente. A veces se frustran si alguien los retrae.

- Arcos altos: Si los arcos de las cejas son altos, las personas tienden a ser inalcanzables. Son muy sensibles y se esconden mucho de la gente. Necesitan tener su espacio. A veces pueden parecer engreídos al verse tan al margen del resto, pero con el tiempo y confianza, se abren a las personas que los rodean. Suelen ser perfeccionistas y tener muy buen gusto.

- Arcos bajos: Son aquellos en los que las cejas se ven muy cerca de los ojos y que el arco no es tan elevado. Suelen ser personas relajadas y muy leales a sus promesas.

- Cejas redondas: Si la curva de la ceja es más redonda, suele significar que son muy buenos y muy preocupados de las necesidades del resto. No son del tipo que les guste estar solos, siempre andan emparejados.

- Arcos diminutos: Si sus cejas parece más una línea que un arco, significa que usualmente son personas muy analíticas. Se basan en la lógica al momento de tomar decisiones, dejando las emociones de lado.

- Cejas puntiagudas: Representan a personas que les encanta divertirse, piensan, hablan y toman decisiones rápido. Están en constante necesidad de estimulación. Son espontáneos, por lo que reaccionan rápido ante sus emociones. Suelen tener buen sentido del humor.

- Cejas casi transparentes: Suelen ser personas que no se sienten muy seguras de sí mismos. Al sentirse inseguros, no son muy buenos en tomar decisiones.

Una cara ancha significa que se trata de una persona segura de sí misma por naturaleza, especialmente cuando se enfrenta a nuevas experiencias. En cambio una cara delgada suele desarrollar autoconfianza por experiencia. Cuando intenta algo nuevo puede sentir miedo o ansiedad. Así pues, el desafío principal que afrontan las personas con caras delgadas es el miedo, que les obliga a mantenerse dentro de una cierta comodidad y mantenerse alejados de las aventuras. Una cara redonda significa que se trata de una persona amable por naturaleza, a la que le gustan las reuniones sociales y cuya compañía siempre es agradable.

El tamaño de la mandíbula también es un indicador de la personalidad. Una mandíbula ancha está relacionada con un nivel alto de testosterona, una hormona relacionada con la agresividad y la dominación. Una persona con una mandíbula pequeña suele ser indicador de una personalidad de carácter sumisa.

Puesto que las expresiones faciales de enfado incluyen las cejas bajas, cuando una persona se esfuerza por fruncir el entrecejo puede significar que tiene la intención de mostrar irritación o indignación.

La barbilla

Una persona con una barbilla puntiaguda suele ser una persona terca, tozuda. Suelen manifestar una resistencia interna muy feroz que puede ser activada cuando alguien va en su contra.

En cambio, una barbilla cuadrada suele ser indicativo de una persona que desafía los problemas y se muestra retador en casi todas las circunstancias. Son personas muy competitivas y consideran cada acto de su vida como un reto.

Una barbilla puntiaguda es sinónimo de una persona sensible a las críticas y abrumada por las cosas cotidianas de la vida. Por el contrario, una barbilla redonda suele ser una persona amable, que no es agresiva ni hostil. A esta persona le encantan las reuniones sociales. Cuando la barbilla es sobresaliente la persona no suelta las cosas con facilidad, aferrándose a ellas tanto como le sea posible. Un mentón retraído indica que las personas tienen muchos proyectos pero les resulta difícil comprometerse hasta el final.

La nariz

Las personas con una nariz grande suelen odiar el hecho de recibir órdenes y prefieren ser sus propios jefes. Les desagradan las tareas pequeñas y luchan por ascender escalafones sociales, desechando los trabajos sistemáticos y repetitivos. Por el contrario, las personas con una nariz pequeña suelen reclamar respeto para así sentirse importantes.

La gente con nariz redondeada suelen ser personas entrometidas a las que les gusta saber todo lo que acontece a su alrededor, pero si tienen un perfil respingón entonces se trata de personas muy confiadas, que son fáciles de caer en engaños y estafas. Si el perfil de su nariz apunta hacia abajo se trata de personas muy escépticas que pocas veces creen en algo a menos que reciba todo tipo de garantías.

Los bostezos

Los bostezos están controlados por partes muy profundas de la mente. La mayoría de personas piensan que son una señal de aburrimiento, provocados por tareas monótonas, por el cansancio o por la inactividad. Pero también pueden significar otras cosas:

- Los bostezos de transición ocurren cuando la gente cambia de un tipo de actividad a otra. También pueden suceder en ciertas coyunturas sociales.

- Los bostezos pueden interpretarse como un gesto de tensión, cuando alguien tiene una persona cercana que le provoca una sensación incómoda. Una persona que tiene ansiedad muestra una propensión a bostezar.

- En todas las especies animales se producen bostezos como señales de amenaza. Peces, pájaros, reptiles, monos y simios bostezan un promedio de diez veces al día como muestra de amenaza a sus congéneres.

Respecto a la forma de hablar

Una persona que quiere mostrar una cierta situación privilegiada en un grupo suele llevar siempre la voz cantante. La primera persona que habla en una reunión y ofrece su opinión suele asumir el papel de líder, y la última persona en hablar es la acaba recibiendo órdenes.

Las personas dominantes muestran más confianza en sus propios discursos, por lo que utilizan menos señales de duda, tanto gestuales como verbales. Además, suelen elevar el tono de voz, mostrando su control de la situación y el poder que ejercen.

La mayoría de personas tienden a modificar el estilo y forma de hablar para igualarlo con otras personas. Ello se puede lograr con cambios en el acento, en la velocidad del habla, en la formalidad y en el tono. Es la denominada aclimatación, que suele tener lugar entre personas que se sienten a gusto entre ellas.

Los cambios sutiles en la frecuencia de la voz operan fuera del control consciente, esto es, no somos conscientes de que se modifica la voz para ponerse a la misma altura que las otras personas. La actitud de la persona demuestra la sensibilidad ante el estado social de otras personas y también de nuestra capacidad para adaptarnos a ellos.

El tono de la voz es siempre un indicador adecuado para saber si alguien tiene una personalidad dominante o bien sumisa. Los sonidos profundos y graves suelen asociarse con comportamientos de autoridad y amenaza, mientras que los sonidos agudos se relacionan con actitudes de sumisión y de tranquilidad. Al contrario que en el mundo animal, en los humanos no existe una relación directa entre el tamaño del cuerpo y la profundidad de la voz.

- Tono cálido: amabilidad y empatía.

  ❏ Refleja una actitud positiva de disposición a la ayuda.
  ❏ Se utilizan en la presentación y en la despedida.
  ❏ Su objetivo es transmitir una imagen agradable tanto al comienzo de la conversación como al final.

- Tono tranquilo: pausado, calculado.

  ❏ Refleja una actitud de control, de dominio de la situación.

❏ Se utiliza fundamentalmente para desviar objeciones y para tratar reclamaciones.

❏ Su objetivo es transmitir tranquilidad ante interlocutores que elevan el tono de voz o hacen una queja en tono fuerte.

- Tono persuasivo: entusiasta y convincente.

❏ Refleja una actitud resoluta, de convencimiento propio.

❏ Se utiliza para establecer un compromiso con el interlocutor. Su objetivo es la aceptación de ese compromiso por parte del interlocutor.

- Tono sugestivo: caracteriza y expone.

❏ Refleja una actitud dirigida a la sugerencia al consejo.

❏ Se utiliza este tono cuando queremos argumentar en base a características o ventajas de nuestra idea, servicio o empresa.

❏ Su objetivo es aproximar a nuestro interlocutor nuestro punto de vista evitando la sensación de compromiso.

- Tono seguro: directo, serio.

❏ Refleja una actitud de profesionalidad y seriedad.

❏ Se utiliza para sondear necesidades o potencial, para la obtención de datos.

❏ Su objetivo es conseguir la información necesaria para ofrecerle luego la solución, idea o servicio adecuado.

El tono vocal que adopta una persona suele reflejar su clase social. Quienes pertenecen a grupos subordinados normalmente utilizan un tono más elevado que los que pertenecen a grupos más poderosos dentro de una misma sociedad.

Los labios

- Una persona con labios grandes suele ser muy locuaz y casi nunca se queda callado. Son amigos de contar historias y seguramente con muchos detalles.

- Si tiene los labios pequeños es síntoma de ser una persona poco conservadora, a la que le gusta mantener su vida privada alejada de los demás y que suele esconder sus emociones y sentimientos. Se puede confiar en ellos, ya que pueden guardar un secreto durante mucho tiempo. Son cautelosos y no les agradan las aventuras.

Junto a los mismos labios es importante también observar cómo es la línea de los mismos, pues determinará buena parte de la personalidad. Así, la persona que tiene una línea recta con los extremos apuntando hacia abajo significará que es una persona pesimista que siempre espera lo peor. Si esa misma línea labial apunta hacia arriba en los extremos es que estamos ante una persona de carácter optimista, que siempre espera que sucedan cosas buenas a su alrededor. Son capaces de motivar a los otros como nadie, aunque no siempre les seduzca la idea que hay que enfatizar. Cuando la línea labial es completamente recta se trata de una persona equilibrada, optimista si las cosas pintan bien pero pesimista cuando se tuercen. Eso sí, necesita conocer todos los detalles antes de dar su opinión definitiva.

El contacto físico

Cuando una persona toca a otra en el brazo, en la espalda, en el hombro, en un entorno amigable o bien en el trabajo normalmente tiene un significado de amistad, camaradería o bien una cierta provocación en forma de juego. Esos contactos físicos pueden ser mutuos y están plenamente aceptados entre personas de estados sociales similares.

El contacto físico es de vital importancia en las primeras etapas de la vida del ser humano, por cuanto transmite mensajes de carácter afectivo o emocional. A lo largo de la vida de la persona esta comunicación táctil tiende a desaparecer a favor de otras vías de comunicación.

Se trata, ni más ni menos, que una de las formas más íntimas de comunicación. Es la puerta de entrada a la intimidad, y sirve para transmitir entusiasmo, ternura, apoyo afectivo... es el último lazo de unión entre las personas cuando falla la palabra.

Cuando ese contacto se produce de forma recíproca es indicativo de proximidad y solidaridad. Al ser mayor la emoción y más íntima la relación percibida, mayor es la oportunidad de contacto físico. La persona de estatus más elevado es más probable que inicie una conducta de contacto físico que la persona más subordinada. Algunas formas de contacto se usan como señales para la interacción y no comunican actitudes interpersonales.

El contacto físico es la forma de comunicación más primitiva de todas. Y puede provocar tanto reacciones positivas como negativas, dependiendo del tiempo que dura ese contacto, la fuerza que se aplique o la frecuencia del toque. Es más probable que la gente ejerza el sentido del tacto cuando:

- Da información o consejo más que cuando lo pide.

- Da una orden más que cuando responde a una.

- Pide un favor más que cuando responde a esta petición.

- Intenta convencer a alguien antes que ser persuadido.

- La conversación es profunda más que casual.

- Atiende a acontecimientos sociales como fiestas más que cuando está en el trabajo.

- Transmite excitación más que cuando la recibe de otra persona.

- Recibe mensajes de preocupación más que cuando los emite.

La mirada

Las pautas de la mirada se rigen por un principio similar al del tacto. Cuando la mirada de dos personas confluye se establece un contacto visual entre ambos. Cuando pertenecen a dos clases sociales diferentes, la persona que aparta la vista o rompe el vínculo suele ser la persona subordinada. También se sabe que, por regla general, la persona que sostiene la mirada por más tiempo suele ser la más parlanchina e influyente.

Entre personas de diferentes estados sociales, las personas dominantes suelen mostrar un dominio visual, esto es, pasan más tiempo mirando a la otra persona que escucha. Y es que el acto de hablar denota más control que el de escuchar, a las personas dominantes les gusta ocupar el papel de orador. Por eso tratan de no perder de vista a su interlocutor, para asegurarse que dicha persona les escucha con atención y no trata de usurparles el puesto. Cuando la persona dominante tiene que oír a alguien, actúa de forma opuesta, suele reducir el tiempo de observación que dedica a su interlocutor. La persona de estatus subordinado suele pasar más tiempo mirando mientras escucha que mientras habla. De esta manera, al demostrar más atención en la función de escuchar, reafirma los sentimientos de superioridad de la persona dominante, lo que sirve para animar a que la persona dominante hable aún más.

A la mirada de nuestros objetos se le da mucha atención porque cumple varias funciones. Entre ellas:

- Es una fuente de información por sí sola. ¿Conoces esa cita que dice que «la mirada delata»? Bueno, pues es completamente cierto.

- Expresa emociones.

- Es la encargada de dar el significado o naturaleza de la situación en la que nos encontremos.

¿Qué nos dicen nuestros ojos?:

- Cuando las pupilas se dilatan es indicativo de interés y atracción. Cuando lo que está frente a nosotros es interesante, las pupilas crecen.

- Contracción de pupilas: mentira, enojo.

- Si se parpadea mucho es señal de nerviosismo e inquietud, cuanto menos se parpadee significa que el estado de tranquilidad es mayor.

- El contacto ocular puede decir mucho. No solo demuestra confianza y control, sino que en relación a la cantidad de veces que miramos a la otra persona y mantenemos el contacto, demuestra interés, atención y relevancia, además de darle un significado mas profundo a todo lo que decimos.

- Mirada de reojo: seducción, interés, curiosidad.

3. Expresiones de sumisión

Las personas de carácter sumiso son fáciles de detectar, desde el inicio suelen transmitir su inseguridad. Suelen sentarse al borde de una silla y establecen escaso contacto visual. La risa nerviosa suele apoderarse de ellos y aceptan de manera incuestionable todo lo que los demás dicen. Cuando hablan, se tapan parcialmente su boca o su rostro. Pero hay otros gestos que también denotan un carácter sumiso.

Encoger los hombros

Levantar los hombros es una característica integral que tiene sus orígenes en la respuesta innata ante un sobresalto. Por ejemplo, al oír un ruido ensordecedor e inesperado, instintivamente elevamos los hombros y hundimos la cabeza para proteger la cabeza y el cuello. Al levantar los hombros estamos lanzando una señal de autoprotección de manera simbólica.

La autoprotección es una parte integral de la sumisión, y significa que tiene más en común con aspectos sumisos que con aspectos dominantes.

Cuando la gente se encoge de hombros a menudo ladea también la cabeza. Si, además, también la decanta, es un signo total de sumisión.

Otra característica que normalmente se agrega a la postura de encogerse de hombros es la de arquear las cejas. Si se realiza esta acción con los abiertos el mensaje que transmitimos es el de falta de dureza. Por tanto, si encogemos los hombros y además arqueamos las cejas estamos demostrando mucha más sumisión que si únicamente se realiza el primer movimiento.

Encogerse de hombros simboliza también un mensaje de impotencia, es como decir: «Lo siento, no puedo hacer nada», o «no soy el responsable». Son mensajes que, por tanto, están más cerca de la sumisión que de la dominación. Por tanto, encogerse de hombros sería el gesto de evasión de responsabilidad por excelencia.

Los hombros son una de las zonas más ignoradas de nuestro cuerpo y comunican ciertas señales si se es capaz de observarlos detenidamente. Los hombros sostienen nuestra ropa, dan forma a lo que piensan de nosotros, revelan nuestra salud y nuestras emociones y nos ayudan en la comunicación. Son representación de la fuerza y la virilidad, asociándose a cierto tipo de hombres con los hombros anchos y las caderas estrechas, siendo un símbolo de virilidad.

Los hombros también pueden comunicar dominio y jerarquía, señalan si se está o no mintiendo, el estado de salud o incluso lo que siente una persona.

- Fuerza y virilidad: Desde las famosas esculturas griegas que muestran hombros prominentes y una cadera estrecha, se trata de una imagen que se impone como ideal de atractivo masculino y además dan información genética a las mujeres de salud y vitalidad desde un punto de vista evolutivo.

- Dominio: Unos hombros anchos comunican dominio y jerarquía, mientras que, al contrario, unos hombros alicaídos muestran desapego y sumisión.

- Transmiten una idea de felicidad: Los hombros nos ayudan a comunicar la felicidad y la alegría. No en vano revelan lo que siente el corazón y la mente de manera muy eficaz. Una persona deprimida tiene los hombros caídos y pesados, carecen de movimiento espontáneo y parecen agobiados por el peso de la enfermedad.

- Cuando las personas no están seguras de lo que están diciendo o no tienen confianza, los hombros tienden a reflejar esta incertidumbre.

- Levantar los hombros no es siempre indicativo de engaño y no debe ser interpretado de esta manera, sino más bien como un indicador de la falta de confianza.

Lenguaje corporal cerrado

Si la fuerza y la amenaza son expresiones básicas de dominación, la debilidad y la indefensión son expresiones claras del
carácter sumiso de una persona. Son, por lo general, personas que están siempre a la defensiva y necesitan demostrar
que no son una amenaza para nadie y que lo único que pretenden es autoprotegerse.

Ello se puede conseguir de tres maneras:

- Permaneciendo inactivo.

- Aparentando ser más bajo.

- O bien adoptando una imagen de vulnerabilidad.

Cuando una persona se siente en peligro suele quedarse
agarrotada, como congelada, lo que reduce sus posibilidades de ser descubierto y enviando al tiempo un mensaje de
indefensión.

Para llegar a ello hay personas que deciden caminar en-
cogiendo los hombros y encorvando el cuerpo hacia delante.
Otras arrastran los pies o visten con colores apagados.

Una persona puede cerrar su cuerpo de distintas maneras.
Por ejemplo:

- Cruzando los brazos: Los brazos pueden estar dobla-
dos, fuertemente abrazados o en posesión uno del
otro. También pueden sostener uno al otro. Los distintos niveles de tensión pueden ser notados o vistos en
los brazos y en los hombros, desde una posición relajada pero cerrada hasta la tensión apretada del cuerpo
y de los brazos.

- Cruzar las piernas: Hay diversas maneras de cruzar las piernas, cada una con un significado diferente. También pueden cruzarse con otros objetos por en medio, como la pata de una mesa o de una silla. Cuando las piernas se cruzan pero los brazos no, pueden mostrar intentos deliberados de parecer relajado.

- Bajar la cabeza: La cabeza puede ser inclinada alejándose de la persona que tiene enfrente o al lado, o bien inclinando la barbilla hacia abajo.

Al sentirnos amenazados, el lenguaje corporal se hace más defensivo: cruzamos los brazos y las piernas, reduciendo nuestro cuerpo, tratando de hacerlo más pequeño. Al inclinar la barbilla, protegemos la garganta, por ejemplo.

Cerrarnos a los demás también puede significar tratar de ocultar algo a la otra persona que no queremos que vea, no algo material, sino que estamos hablando de emociones y sentimientos.

La forma más común de tratar de abrir a la otra persona es tomar una posición cerrada como ella. Entonces buscar un punto de enlace con el otro, alguna afición común que rompa el hielo y lleve a la otra persona hacia un terreno en el que esté más a gusto. Si se consigue la conexión, la otra persona se abrirá de una manera natural.

La sumisión también puede revelarse de dos formas diferentes: una, colocando los pies hacia atrás y esconderlos al espacio público. La otra, es manteniendo juntas las rodillas y cruzar las piernas a la altura del muslo o de los tobillos. De esta manera se incrementa la superficie de autocontacto, un ejercicio inconsciente de reafirmación personal.

A menudo, las personas que asumen el rol de sumisas, se sienten inseguras y no son conscientes de ellas mismas. Una manera de superar esas sensaciones negativas es probar diversas formas de autocontacto, como por ejemplo tocarse los brazos o los hombros. Estos gestos de autoafirmación aportan confianza y el apoyo necesario para afrontar cualquier entrevista o reunión.

También el contacto físico es una de las mejores maneras de mostrar apoyo a alguien, siendo una de las formas más primitivas y efectivas. Y es que la piel contiene miles de células receptoras que son sensibles al menor cambio de presión que repercuten directamente en el cerebro. El tacto es la primera muestra de contacto entre una madre y su hijo, mediante el tacto el bebé se siente reconfortado y protegido. El tacto recrea los sentimientos de amor y de seguridad que experimentamos cuando éramos bebés. Cuando una persona llega a la edad adulta, a menudo intenta recuperar los sentimientos de reafirmación a través de acciones que permitan el autocontacto.

Hay personas que, en estas situaciones de inseguridad, optan por apretarse el brazo, con una mano agarrando el bíceps del brazo opuesto; otras personas extienden un brazo y lo apoyan en el hombro opuesto; los hay que cruzan sus manos por encima del pecho apoyando cada mano en el hombro opuesto; e incluso los hay que colocan la palma de una mano hacia arriba sosteniendo la palma de la otra mano.

- Autoabrazo: Seguramente habrá notado que se cruza de brazos muchas más veces en público que en privado. Esto tiene un sentido, cruzarse de brazos es una forma de abrazarse a usted mismo (un autoabrazo, si lo prefiere), una forma de sentirse más cómodo, más seguro. Puede que lo haga mientras escucha una conferencia, o antes de comenzar un acto importante. Su intención no es la de alejar a nadie, si no la de encontrarse cómodo en ese momento. Si quiere identificar este movimiento, solo tiene que observar a la persona que se cruza de brazos, si mantiene esta postura durante dos o tres minutos, sin apenas moverse, es que está tratando de sentirse más cómodo.

- Reducir el estrés: Cuando se encuentre estresado, abrazarse y darse golpecitos (de forma disimulada) en los brazos reduce los niveles de estrés del cuerpo. Es un gesto inconsciente. A diferencia del autoabrazo, este gesto dura unos pocos segundos.

- Un cambio brusco de temperatura: A veces la explicación más sencilla puede ser la más correcta; puede que se haga un lío mental pensando que la otra persona está cerrada a sus argumentos, cuando en realidad simplemente puede que tenga frío. Si quiere diferenciar este gesto, puede fijarse en los hombros de la persona. Cuando nos cruzamos de brazos para mantener el calor, tendemos a encoger los hombros y a tensar el cuerpo para generar calor.

- Una muestra de inseguridad: Las mujeres inseguras se cruzan de brazos para «ocultarse y protegerse» de las miradas masculinas, se cruzan de brazos para no sentirse expuestas. Cuando un hombre se siente amenazado por otro, tiende a cruzarse también de brazos. ¿Cómo identificarlo? A diferencia de lo que suele hacer cuando tiene frío, cuando se siente amenazado sus hombros se proyectan hacia delante y el cuerpo tiende a encogerse. Es bien sabido que cruzarse de brazos demuestra que está usted cerrado o bloqueando a otros. Este gesto suele enviar un mensaje negativo a sus interlocutores. Cuando se cruza de brazos, seguramente pensará que está haciendo algo mal. Debe usted saber que está equivocado, no está haciendo nada mal, la connotación negativa de este gesto es remota. El gesto de cruzarse de brazos contiene varios significados y, tal y como ocurre con la detección de las mentiras, está rodeado de muchos mitos y creencias erróneas.

- Miedo: Más allá de la inseguridad o la incomodidad, puede significar miedo; una gran preocupación hará que instantáneamente cruce los brazos sobre el pecho para proteger sus órganos internos (una preocupación derivada del bipedismo). Cruzarse de brazos por miedo se acompaña normalmente por otros gestos manipuladores (tocarse la cara y el cuello), al tiempo que sufre ligeras contracciones musculares en el rostro (boca, nariz y ojos), son lo que se llama microexpresiones de miedo.

- Empatizar con el interlocutor: Si usted se encuentra a dos personas apoyadas en una pared con los brazos y las piernas cruzadas, seguramente pensará que han tenido algún tipo de enfrentamiento verbal o físico. Sin embargo, puede que se trate de un reflejo, una especie de forma de empatizar con nuestros interlocutores imitando sus movimientos. Si dos personas adquieren una misma postura, es señal de que han conectado a nivel empático.

- Autocontrol: Es normal que se cruce de brazos cuando se siente contrariado o enfadado. No es una forma de negar o bloquear lo que escucha, es más bien una forma de contenerse. Los niños son un buen ejemplo de esto; cada vez que se les pide que hagan algo que no quieren hacer. Los adultos siguen haciendo este gesto, aunque no tiene porque significar un bloqueo o una negación, es una forma de controlarnos.

El ceño fruncido y el mentón bajo suelen complementar este gesto.

- Una muestra de poder: Cruzarse de brazos puede demostrar poder. No es necesario que usted tenga unos brazos fuertes y musculosos para poder realizar este gesto. De hecho este gesto suelen usarlo las mujeres policías. Es una forma de amenazar, con los brazos cruzados su caja torácica parece más grande y más robusta.

- Cuando cruza los brazos para demostrar poder y dominio, lo hace con los brazos sobre el pecho y los hombros echados hacia atrás.

- Aislarse: Aunque el menos común de todos, cruzarse de brazos, es también un gesto de aislamiento. Al cruzarse de brazos usted crea una barrera tanto física como psicológica con los demás, lo que le aísla y retrae momentáneamente.

Gestos con la cabeza

Cuando la gente se siente sumisa, tiene una tendencia natural a inclinar la cabeza, con lo que se consigue un aspecto más bajo y menos amenazador. De la misma manera, el hábito de decir que sí con la cabeza está asociado a una cierta sumisión.

Existen algunas variantes geográficas a tal afirmación. Por ejemplo, en la India la gente suele ladear ligeramente la cabeza hacia un lado para afirmar algo.

Normalmente el gesto de asentir con la cabeza se utiliza durante una conversación en la que estamos de acuerdo con la persona a la que estamos escuchando, pero aún estando de acuerdo, el gesto puede adoptar dos formas distintas:

- Asentir rápidamente: mover la cabeza de arriba a abajo tres o cuatro veces seguidas rápidamente cada poco tiempo indica que la persona que lo está haciendo «ya ha escuchado bastante», quiere acabar rápidamente la conversación o le parece que la otra persona ya ha hablado lo suficiente y quiere que le ceda el turno.

- Asentir lentamente: lo hacemos cuando el tema que se está tratando nos parece interesante, también cuando estamos escuchando pacientemente a una persona (por ejemplo si nos están contando una historia o algún problema), o cuando necesitamos prestar mucha atención a lo que nos están diciendo.

Cuando una persona pasa por en medio de otras dos que están conversando la costumbre es agachar la cabeza como pidiendo perdón por los inconvenientes que pueda ocasionar. Otras personas inclinan la cabeza involuntariamente cuando se aproximan a un personaje o cuando han de entablar conversación con alguna persona que no conocen exactamente. En los encuentros sociales, quienes se encuentran relajados, no suelen reproducir ningún tipo de gesto de sumisión. En cambio, hay personas que muestran una clara incomodidad y suelen inclinar la cabeza ante los demás de manera instintiva.

Otras personas suelen realizar gestos afirmativos lentos con la cabeza mientras habla su interlocutor. Esto significa dos cosas: por un lado demuestra que el oyente está escuchando y no desea usurpar el papel de la persona que habla. Un gesto afirmativo rápido indica que quien escucha comprende al que habla, pero contiene un sentido de urgencia que denota o bien que el oyente ofrece su apoyo al locutor de todo corazón o bien que desea asumir el papel del que habla.

La gente con una actitud sumisa tiende a bajar la cabeza o a ladearla. Este hecho sirve para exponer apaciguamiento o sumisión, porque al exhibir el cuello estamos mostrando una de las partes más vulnerables del cuerpo humano otorgando, además, una imagen desvalida. Además:

- Levantar la cabeza y proyectar la barbilla hacia delante significa que pretendemos dar una imagen de agresividad y poder.

- Asentir con la cabeza es un gesto de sumisión contagioso que puede transmitir sensaciones positivas. Comunica interés y acuerdo.

- Ladear la cabeza es una señal de sumisión pues deja expuesta la garganta.

- Apoyar la cara sobre las manos es una manera de presentarse al interlocutor, demostrando atracción por la otra persona.

- Apoyar la barbilla sobre la mano. Si la palma de la mano está cerrada es señal de evaluación, pero si la palma de la mano está abierta puede significar aburrimiento o pérdida de interés.

Gestos delatores oculares

Dentro de las muestras de sumisión algunas contienen elementos que simbolizan la acción de huida. Y ello se pone de manifiesto por la forma en que los miembros de una especie social mueven los ojos. La mayoría de ellos desvían la mirada para apartar al individuo dominante de su campo de visión. De esta manera, la persona sumisa es más capaz de superar la sensación de miedo. También demuestra así que no tiene ninguna intención de atacar a la persona dominante. Existen varios gestos oculares asociados a la sumisión:

Con frecuencia la gente desvía la mirada hacia abajo para parecer más sumisa. Se trata de una acción deliberada y diseñada para aplacar a alguien que es más dominante. También, bajar la mirada puede ser un signo de coquetería.

La gente que no asume un papel dominante suele mover los ojos hacia un lado y hacia otro con rapidez, normalmente sin mover la cabeza. La función de dicho movimiento es buscar rutas alternativas para escapar.

- Al variar el tamaño de las pupilas y dilatarlas suele significar que se está viendo algo que no gusta. En cambio, las pupilas contraídas expresan siempre una cierta hostilidad.

- Levantar las cejas suele hacerse en los saludos sociales en los que hay ausencia de miedo o de agrado.

- Bajar la cabeza y levantar la vista significa sumisión y una cierta coquetería para atraer los hombres.

- Mantener la mirada durante varios segundos y luego bajarla hacia abajo en las mujeres puede ser un indicativo de un cierto interés sexual.

- Pestañear repetidamente es un intento de bloquear la visión de la persona que se tiene enfrente, bien sea por aburrimiento o por desconfianza.

- Al mirar hacia los lados también se está expresando aburrimiento, es buscar vías de escape de una manera inconsciente.

De la misma manera, la posición de las cejas en combinación con la mirada puede también expresar varios mensajes.

- Cuando las cejas y los ojos están en reposo es la expresión más habitual cuando la persona se halla relajada.

- Si las cejas están en reposo y los ojos se hallan muy abiertos es síntoma de la cara amenazadora que expresa enfado, y que a veces también se consigue frunciendo el ceño.

- Si las cejas están arqueadas y los ojos están muy abiertos se trata de la expresión facial asociada a una respuesta de miedo.

- Si las cejas se hallan arqueadas y los ojos están en reposo se trata de la expresión facial que significa sumisión.

Cuando una persona trata de demostrar que no es ninguna amenaza, suele arquear las cejas, lo que ofrece una expresión más atenta y emotiva. Al fruncir el entrecejo se ofrece una impresión de interés, de algo que nos preocupa. Se pueden arquear las cejas sin fruncir el entrecejo, pero al realizar las dos acciones conjuntamente es el resultado es un gesto híbrido que denota sumisión y preocupación.

La sonrisa

La forma de la sonrisa puede ofrecer pistas sutiles sobre la relación entre dos personas. Generalmente expresa felicidad, alegría, simpatía o sirve para disimular una situación incómoda de manera hipócrita.

Las personas de carácter dominante en ocasiones necesitan recurrir a una sonrisa que consiste en mantener los labios juntos, sin abrir la boca, pero mostrando los dientes.

- Sonrisa de labios apretados: Una persona sonriendo con los labios estirados, pero sin los dientes expuestos indica que está ocultando algo. Una sonrisa de labios apretados se utiliza para enmascarar las verdaderas emociones y puede ser una expresión de miedo, timidez, ira o de restricción de pensamientos y actitud. Es el tipo de sonrisa que es más probable que se utilice al conocer nuevos amigos y al saludar a extraños.

- Sonrisa sellada: Los labios se mantienen juntos mientras que las comisuras de los labios se separan. El resultado es una línea prolongada a lo largo de toda la cara y la impresión de que alguien queda excluido de saber lo que se oculta dentro de esa persona que mantiene los labios sellados.

- Sonrisas torcidas: Una sonrisa torcida aparece cuando un lado del labio se mueve hacia arriba y el otro lado presenta una ligera inclinación hacia abajo. La dirección de la inclinación de la boca hacia un lado indica cosas distintas, hacia abajo inclinada puede ser un indicio de emociones negativas como la tristeza y la ansiedad, mientras que una inclinación hacia arriba puede indicar que esa persona está enojada. En general, la sonrisa desigual transmite señales de diferentes tipos de mensajes que van desde la ira al sarcasmo o de la vergüenza a la ironía.

- Sonrisa forzada: Fingir una sonrisa para convencer a alguien de que nos alegra requiere tirar más de los labios y mostrar los dientes, si los ojos no están sincronizados con la boca y pareces aburrido o apático, es fácil detectar esta sonrisa. La sonrisa forzada da la impresión que no estamos siendo veraces y puede evocar una respuesta de aversión.

- Una sonrisa ligera, de esas que apenas se notan, expresa inseguridad, duda y falta de confianza.

- Una sonrisa sencilla pero intensa, es decir, cuando no hay una carcajada pero las comisuras de los labios se levantan mucho y se pueden observar los dientes de arriba, da a entender confianza, por lo usual, significa que la persona esta pasando un rato agradable.

- La sonrisa superior transmite un mensaje de satisfacción al ver a alguien o al recibir algo. Esta es la sonrisa donde todos los dientes quedan al descubierto.

- Esta última sonrisa puede ser más intensa cuando además se cierran los ojos. Expresa felicidad, diversión. Sin embargo, también suele ser utilizada para engañar cuando alguien esta disimulando la verdad, por eso hay que prestarle atención, y analizar la situación en la que se dé.

- Una sonrisa amplia denota mucha alegría y placer, se acompaña de una mirada estrecha.

- Una sonrisa con carcajada incluida es contagiosa, suele darse entre grupos de personas o cuando la pareja realmente se esta divirtiendo.

Cuando dos personas de diferente estatus social tienen una charla y no tienen un vínculo de amistad entre ellas, es probable que la persona subordinada sonría mucho más que la persona dominante. En este caso la sonrisa realiza una función de apaciguamiento y de sumisión. En cambio, en una situación amistosa, la persona dominante suele sonreír más que la dominante. Los individuos dominantes sonríen mucho menos en las situaciones no amistosas y mucho más en situaciones amistosas. Mientras que una persona subordinada necesita sonreír para apaciguar a la persona dominante, esta parece tener licencia para sonreír cuando le plazca.

Algunas sonrisas son sinceras pero otras sabemos que son falsas. Hay gente que desea aparentar que están contentas pero es difícil sonreír cuando la procesión va por dentro. No es fácil aprender a distinguir una sonrisa genuina de una falsa.

El neurólogo francés Guillaume Duchenne estableció en 1862 las bases fisiológicas que distingue una sonrisa genuina de otra que no lo es.

La sonrisa según Duchenne

El propio Duchenne describía así su hallazgo en el siglo XIX: «La emoción de alegría sincera se expresa en el rostro mediante una contracción combinada del músculo *zygomaticus major* y el *orbiculari oculi*. El primero obedece a la voluntad, pero el segundo solo lo activan las dulces emociones del alma. La falsa alegría, la risa engañosa, no pueden provocar la contracción de este último músculo. (…) El músculo que circunda los ojos no obedece a la voluntad; solo se pone en juego mediante un sentimiento verdadero, una emoción agradable. Su inercia, en la sonrisa, delata a un falso amigo».

Al observar cómo la gente subordinada se comporta con la persona dominante podemos observar que la mayoría de las sonrisas solo activan los músculos de encima de la boca y no los que rodean los ojos. Estrictamente hablando, las sonrisas de boca son sonrisas falsas porque pretenden mostrar alegría cuando solo están motivadas por el deseo del individuo de parecer sociable y no amenazador.

Las personas de carácter subordinada usan las sonrisas con el propósito de parecer más afables y, en cambio las gentes dominantes sonríen siempre y donde les apetece.

Las sonrisas diseñadas para agradar difieren de las genuinas porque pueden afectar a las comisuras de la boca, empujándolas hacia los lados en lugar de hacia arriba, de modo que la expresión resultante parezca más una mueca que una sonrisa. En situaciones más extremas las comisuras de los labios pueden hundirse momentáneamente, con lo que incorporan una mueca de miedo. La sonrisa, revela así lo que se oculta tras la fachada y muestra los verdaderos sentimientos de la persona.

En general, las mujeres sonríen más que los hombres pero eso también provoca que sus sonrisas se perciban como menos auténticas ya que lo hacen más a menudo y por lo tanto su significado real se difumina. Las mujeres también parecen tener mucha más habilidad que los hombres en discernir sonrisas falsas y verdaderas. Es especialmente llamativo el hecho de que los hombres no suelen ser capaces de diferenciar entre una sonrisa de interés real de una sonrisa de cortesía por parte de una mujer.

El cuerpo reacciona siempre a las emociones de una manera u otra, y no puede dejar de expresarlas, aunque el discurso hablado vaya en un sentido contrario. El lenguaje corporal es el lenguaje que habla con el cuerpo y puede ser complementario o contradictorio con lo que se dice. En un mensaje, el impacto verbal incide en un 7% en el tono y los matices en un 38%, mientras que el otro 55% es lenguaje no verbal: para lanzar una mirada que mata no hace falta abrir la boca.

Hay factores que no se pueden controlar, como el sudor o sonrojarse. Los ingleses, en el siglo XVIII, desarrollaron la idea de que turbarse era un signo manifiesto de sensibilidad hacia el prójimo. Uno solo podía ruborizarse si era capaz de sentir vergüenza y a la vez era capaz de ocultar dicho sentimiento. La sociedad victoriana mostraba una actitud ambivalente hacia el rubor: por un lado lo concebía como un signo de sensibilidad pero por otro lado pensaba que era inapropiado que los hombres mostraran su azoramiento en público. En cambio, con las mujeres, se daba por sentado que estas debían ruborizarse ante cualquier hecho inextricable. Además, les atraía el hecho de que el gesto admitía la intención de ocultar unos sentimientos que no podían ser controlados de forma consciente.

Los principios del orden y autocontrol eran básicos en la sociedad victoriana, y el rubor representaba una negación completa de esos principios, y por tanto suponía un reto directo que atentaba contra las bases sobre las que se asentaba la sociedad. La gente sostenía que no era tan fácil ocultar los sentimientos genuinos, y que las emociones podían triunfar sobre la razón.

En sus estudios sobre la evolución y el comportamiento humanos, Darwin concluyó que solo los humanos somos capaces de turbarnos porque solo nosotros poseemos la clase de autoconciencia que provoca el rubor, lo que es mucho más que la capacidad de pensar en uno mismo. Lo que provoca el rubor no es el reflejo de nuestra propia apariencia sino el pensar en lo que otros piensan acerca de nosotros.

A menudo nos ruborizamos cuando sabemos que hemos hecho algo malo o cuando no alcanzamos las expectativas que otras personas han depositado en nosotros, pero también nos sonrojamos cuando atraemos la atención de otra gente al conseguir algo positivo. El reconocimiento de nuestros propios errores y logros no es el único motivo que propicia el rubor, también nos sonrojamos cuando vemos que a nuestro interlocutor le sucede lo mismo, especialmente si nos identificamos con esta persona.

Ruborizarse

Se conoce como rubor al enrojecimiento de las mejillas (o el rostro en general) provocado por un momento de vergüenza que podemos sentir o por una situación embarazosa en la que nos encontremos. Esto ocurre debido a que nuestra piel cuenta con numerosas terminaciones nerviosas y vasos sanguíneos para irrigar la misma, cuando algunas personas se avergüenzan o se enfadan se les acelera el ritmo cardíaco produciéndose una vasodilatación en los capilares de la cara que origina ese característico enrojecimiento.

El término 'ruborizarse' proviene directamente del latín *rubor* y hace referencia a la acción de ponerse rojo, ya que este vocablo significa literalmente 'rojo/encarnado'.

El rubor está vinculado con el sistema nervioso autónomo, y se expresa en la forma de un gran flujo de sangre que se pone de manifiesto en las mejillas y a veces también en el cuello y en el pecho. Suele estar asociado a una atención inesperada y no deseada del prójimo.

Las personas más propensas a sonrojarse son aquellas que se preocupan más por cómo los ven los demás y también aquellos que sienten la necesidad de comportarse adecuadamente y no cometer errores.

El rubor es una parte integral del sentimiento de vergüenza y normalmente se acompaña de otros signos de azoramiento como irrupciones en el discurso, sonrisas forzadas, miradas furtivas, tocarse la cara con la mano o emitir chasquidos con la lengua. El rubor es un indicador de nuestro malestar y arrepentimiento hacia el resto de la gente. Se trata, no obstante, de un acto fuera de nuestro control: no podemos sonrojarnos de forma deliberada ni tampoco detener el proceso cuando queramos.

Cuestión de lengua

En algunos contextos, el mensaje que podemos transmitir a través del lenguaje corporal de los labios y la lengua es muy poderoso y claro. Por ejemplo, cuando los niños tratan de concentrarse en una determinada labor, suelen sacar la lengua a la punta de los labios, lo que indica que se están tratando de esforzar y concentrar. La gente mayor que saca la lengua lo hace para indicar a los demás que no desea que se le acerquen.

Recientes investigaciones han demostrado que las personas muestran mayor indecisión a la hora de acercarse a alguien que está ocupado y que muestra la punta de la lengua que si esa persona está realmente ocupada y no muestra la lengua. Esto es, mostrar la lengua puede servir para mantener la gente a cierta distancia.

Cuando la gente se siente turbada suele producir un chasquido con la lengua: la lengua golpea la boca, asoma un segundo entre los dientes y luego se contrae. Se trata de un gesto delator que realizamos cuando nos sentimos avergonzados o azorados. Cuando alguien se convierte en el centro de atención o ve que le han puesto en alguna situación comprometida, es probable que emita un chasquido con la lengua.

Una actividad motora

El hecho de que los niños saquen la lengua mientras hacen una actividad motora refleja la importante relación que tiene el lenguaje con la motricidad.

Los investigadores han grabado en vídeo a 14 niños de 4 años, diestros, mientras realizaban en sus casas, actividades especialmente diseñadas para involucrar los diferentes niveles de motricidad. También observaron cuan a menudo sacaban la lengua y si la sacaban por la comisura derecha o izquierda de la boca.

Las hipótesis preliminares sugerían que los niños sacarían más la lengua en las actividades de motricidad fina. Pero para sorpresa de los investigadores fueron las actividades que requerían más movimientos y no tanta precisión donde los niños sacaron más la lengua. La explicación de los autores es que los movimientos son componentes fundamentales del sistema de comunicación rudimentario.

4. La comunicación personal

La regla de oro para que exista una comunicación personal es que, mientras una persona habla, la otra u otras escuchen. La mayoría de conversaciones siguen esa norma, pero puede darse el caso de varias personas hablen al mismo tiempo y no escuchen lo que los demás dicen. Es el caso de conversaciones solapadas que surgen cuando el oyente trata de interrumpir al que habla. No suelen ser síntomas de competitividad, sino producto de oyentes que desean animar al que habla a que continúe desarrollando su papel.

Cualquier conversación suele operar en dos niveles: un diálogo oficial en el que la gente intercambia ideas y opiniones y uno no oficial en el que los participantes intercambian señales respecto a los turnos y demuestran su compromiso respecto a la conversación.

Existen dos tipos de comunicaciones que pueden ser espontáneas o dirigidas. La primera es la que ocurre cuando hablamos informalmente con cualquier persona o grupo de personas. En cambio, la dirigida requiere que se seleccione el tema sobre el que hablar.

No asumir el papel del hablante

Una manera de no asumir el papel principal en una conversación es ir asintiendo con expresiones del tipo «sí» o «claro», mientras reafirma con leves inclinaciones de cabeza y emite sonrisas leves. Son gestos pensados para mostrar que el oyente está de acuerdo con el hablante o comprende lo que está diciendo.

El significado del gesto afirmativo con la cabeza depende de su duración: si asentimos lentamente significa que estamos de acuerdo. En cambio, un gesto afirmativo rápido expresa, o bien un apoyo entusiasta hacia el que habla o bien impaciencia y deseo de asumir el papel del hablante.

Asentir con la cabeza

El gesto de asentir con la cabeza se utiliza durante una conversación en la que estamos de acuerdo con la persona a la que estamos escuchando, pero aún estando de acuerdo, el gesto puede adoptar dos formas distintas:

- Asentir rápidamente: Mover la cabeza de arriba a abajo tres o cuatro veces seguidas rápidamente cada poco tiempo indica que la persona que lo está haciendo «ya ha escuchado bastante», quiere acabar rápidamente la conversación o le parece que la otra persona ya ha hablado lo suficiente y quiere que le ceda el turno.

- Asentir lentamente: Lo hacemos cuando el tema que se está tratando nos parece interesante, también cuando estamos escuchando pacientemente a una persona (por ejemplo si nos están contando una historia o algún problema), o cuando necesitamos prestar mucha atención a lo que nos están diciendo.

El gesto de negación con la cabeza puede denotar distintos mensajes según la rapidez del movimiento. Moverla de un lado a otro rápidamente nos da a entender que la persona está en desacuerdo con el que habla y que le gustaría asumir el papel del hablante. En cambio, un movimiento de cabeza lento puede tener un significado completamente diferente. Si la persona que habla acaba de explicar una historia extraordinaria y el oyente responde con gesto negativo lento demuestra que comparte la incredulidad del que habla y no quiere asumir el papel del hablante.

Existen otras maneras con las que el oyente puede expresar sus intenciones:

- La exhibición de atención: Si permanece en silencio, mirando intensamente y orientando su cuerpo hacia el hablante, el oyente demuestra que está interesado en lo que se está contando y que no desea asumir el papel de quien habla.

- Exhibición de intención: Al tratar de decir algo mientras se escucha a alguien, se puede solicitar el turno con una exhibición de intención, como inclinarse hacia delante, levantar un dedo o abrir ligeramente la boca.

- Exhibiciones de no intención: Consiste en acciones que dificultan nuestra habilidad para hablar, como cruzarse de brazos, presionar los labios, o colocar un dedo o una mano sobre la boca.

Intervenir en una conversación

Una persona dispone de varias herramientas para demostrar que desea intervenir en la conversación. Una es por medio de señales de alerta, por ejemplo levantar la mano y otra abrir ligeramente los ojos. También puede abrir la boca y respirar de forma audible. La tercera forma es produciendo señales de canal de fondo negativo, esto es, persuadiendo a la otra persona mediante un suspiro, desviando la vista o asintiendo impacientemente.

Existen tres tipos de conversaciones simultáneas:

- De apoyo: Sucede cuando el oyente realiza un comentario positivo mientras la otra persona está hablando.

- Recortada: Es el caso de que una persona que está hablando se ve interrumpida con una apreciación de desacuerdo, del tipo «No estoy de acuerdo».

- Interrupción: Suceden cuando la conversación que se solapa es el resultado de un deseo por parte del oyente de ocupar el papel del hablante. Las interrupciones con éxito serán aquellas que suceden cuando el hablante cede su terreno al que le interrumpe. Las que no tienen éxito serán aquellas en las que el hablante consigue rechazar el reto y mantener su papel.

Las personas que hablan más alto en una discusión suelen quedarse al cabo del discurso, solapando a la otra persona. También, los que hablan sin dudar y permanecen impasibles ante el hecho de que la otra persona siga hablando, tienen más probabilidades de ganar la posición del hablante.

Existen diversos factores que ejercen un efecto directo sobre las interrupciones, por ejemplo el estado social, el género, la familiaridad o la cultura.

La persona que goza de un estatus social superior tiene más probabilidades de interrumpir a la persona de nivel social inferior. También, los hombres muestran una mayor tendencia a interrumpir a las mujeres que viceversa. En este contexto, la interrupción tiene por función ejercer el control sobre la conversación y, por lo tanto, sobre la otra persona. Diferentes culturas pueden mostrar diferentes actitudes hacia una interrupción. Por ejemplo, en las sociedades mediterráneas los amigos acostumbran a interrumpirse como norma general y no es extraño ver una charla en la que varios conocidos intervienen a la vez.

Señales que indican ceder el turno

Cuando la persona que habla quiere ceder su turno suele enviar una serie de señales indicativas del caso.

Si el inicio del turno del oyente coincide con el final del turno del hablante se consigue una transición suave. Para señalar el final de un turno el hablante suele alterar la forma de mirar, por ejemplo desviando la vista hacia otro lugar. O, si se trata de una charla entre varias personas, el hablante suele depositar su mirada sobre la persona a la que le cede la palabra.

Otra de las señales para indicar que el hablante está a punto de finalizar su discurso es el hecho de bajar la voz. Los gestos con las manos también pueden indicar que se acaba el turno.

Si una persona quiere mantener el turno necesita dar la impresión de que le quedan muchas cosas que decir. La forma más común de hacerlo es a través de la mirada. Para el hablante que desea mantener su papel es mejor que mire poco al oyente, aunque con ello puede dar la falsa impresión de que está a punto de ceder el turno al que escucha. El final de cada frase es un punto de conclusión potencial que el oyente puede interpretar como el final de su turno. Para poder proseguir con el discurso, el oyente necesita emitir señales adicionales para mostrar que no se trata del final del turno.

Con las manos también se puede conseguir el objetivo de poder proseguir el discurso. Por ejemplo, si se está realizando una enumeración de cuestiones, se puede indicar con los dedos de una mano en qué punto se halla el discurso. Los oyentes, probablemente no interrumpirán el discurso hasta que no finalice la enumeración. También se pueden emplear las expresiones conjuntivas para informar que todavía quedan cosas por decir.

Si el hablante ha perdido su turno a favor de otra persona puede tratar de recuperarlo empleando un tono más alto. También puede emplear una táctica harto conocida y de excelentes resultados: la persona interrumpida puede quedarse en la misma postura en la que estaba antes de que lo interrumpieran. Por ejemplo, un hablante que se queda en mitad de un discurso con una mano levantada, la dejará suspendida a medio camino, como si fuera una estatua, con el fin de dar a entender que quiere recuperar su estatus.

Las expresiones del lenguaje

En una conversación se suele prestar más atención al mensaje que a las expresiones que pueden revelar más información de lo que la gente suele pensar.

- La gente que recurre constantemente al pronombre «yo» suelen ser egocéntricos. En cambio, los que emplean la primera persona del plural suelen denotar una tendencia mental inclusiva.

- Las personas que se sienten cómodas en la conversación suelen hablar bastante sobre ellos mismos. Y, si pretenden subir de escala social, suelen citar numerosos nombres de personas, ya que eso le da consistencia a sus opiniones.

- Las personas tímidas o que no desean llamar la atención suelen recurrir a los llamados deflectores lingüísticos: realizan preguntas sobre la otra persona o encaminan la charla hacia algún tema de interés de su interlocutor. De esta manera desvía automáticamente la atención hacia la otra persona y reduce las posibilidades de tener que revelar algo sobre sí mismo. También la gente tímida o insegura suele recurrir a temas impersonales.

- A aquellos que les gusta remarcar que las cosas no son siempre lo que parecen o que pretenden expresar otro punto de vista suelen emplear expresiones adversativas, como «pero» o «no obstante».

- También, es común que la gente suela decir cosas con la intención de suavizar el impacto que puedan tener sus comentarios posteriores. Por ejemplo, empezar una frase que ha de ser una crítica directa a alguien con la frase: «no te lo tomes a mal». Las locuciones paliativas parecen ofrecer una protección bajo la cual la persona que toma la palabra parece tener patente de corso para criticar a su interlocutor. De todas maneras, el uso de estos recursos no significa que la otra persona acepte de buen grado el comentario que vamos a hacer.

- Las conversaciones están llenas de expresiones «de relleno» que pueden servir para cubrir huecos incómodos durante una charla. Algunas expresiones son imprecisas, otras se aceptan de buen grado entre una determinada clase social, y en otros casos son propias de gente joven. Cuando se emplea una expresión de este tipo también puede actuar con el fin de desalentar al oyente de que asuma el papel de orador.

Las posturas del cuerpo durante la conversación

Las posturas que adoptamos durante la conversación con una persona o un grupo de personas ofrecen pistas bastante claras sobre nuestras intenciones.

Lo habitual es que dos personas que conversan se miren a los ojos mutuamente. Si una persona mira hacia otro lugar constantemente es sinónimo de que no está muy interesada en la conversación.

Para saber si una persona está interesada o no en la conversación hay que prestar atención a la mirada, al torso y a las piernas. La mirada, al contrario de lo que pudiera parecerse, no es siempre una fuente de información fidedigna que indique las intenciones reales del interlocutor. Por otro lado, la gente no es consciente de hacia dónde enfoca el torso, por lo que es una parte muy reveladora de las verdaderas intenciones de la persona. Las piernas también son importantes y revelan mucha información, ya que están asociadas a impulsos primitivos que denotan huida.

- Si las piernas están dispuestas en paralelo, los pies se hallan juntos y el peso del cuerpo se distribuye uniformemente es que la persona no tiene intención de mostrar sus intenciones.

- Si las piernas están rectas pero los pies se hallan separados expresa que la persona no tiene ninguna intención de marcharse. Es una expresión de solidaridad en un grupo que se hallan juntos y en animada conversación.

- Cuando las piernas están entrelazadas en forma de tijera, con una pierna doblada encima o detrás de otra, significa inamovilidad. Demuestra que la persona está atenta a la conversación y no tiene intención de marcharse. También puede considerarse un signo de sumisión.

- Cuando el peso del cuerpo recae sobre la pierna de apoyo y la otra pierna se halla doblada a la altura de la rodilla y con el pie apuntando hacia el exterior puede entenderse como que la persona tiene intención de marcharse. Es una postura muy cercana a la de salir andando.

5. Señales en las presentaciones

La oportunidad de conocer a una persona y unirse a ella en una conversación puede estar plagada de señales que marcarán la futura relación entre ambos. Nos dice, entre otras cosas, si podemos confiar en esa persona, y pensar qué clase de relación estableceremos en el futuro.

Dentro de una misma cultura, los patrones de relación suelen ser bastante similares. Al ver cómo se saluda la gente descubriremos qué clase de personas son y cuál será su actitud respecto a los demás.

Los saludos

La mayoría de saludos consisten en tres fases. Una fase de reconocimiento en la que los interlocutores se fijan uno en el otro e indican un reconocimiento mutuo. Después, una fase de aproximación en la que ambos individuos se acercan y, por último, una fase de presentación en la que ambos se dan la mano o un abrazo, que puede tener múltiples variantes.

La fase de reconocimiento puede adoptar diversas formas según el grado de conocimiento de los participantes y el grado de intimidad que tengan. Un grupo de señales se consideran introductorias y de carácter formal, como elevar las cejas, sonreír con los labios cerrados, presentar la palma de la mano o realizar una señal de asentimiento ladeando la cabeza.

Existen también señales de entusiasmo, saludando con los brazos, sonriendo con la boca abierta, o llamando a la otra persona en voz alta. Cuando alguien desea destacar sus sentimientos de alegría, suele abrir mucho los ojos y deja caer la mandíbula, simulando una expresión facial de sorpresa. Entre personas conocidas se usan más las señales de reconocimiento educadas, mientras que las personas que se conocen bien emplean señales de entusiasmo, especialmente cuando hace tiempo que no se ven.

Tipos de saludos

1. **Dar la mano.** Es el saludo más universal y el que puede servir de puente para dos culturas diferentes, que saludan de forma diferente. Un corto y ligero apretón de manos es más que suficiente.
2. **El abrazo.** Es un saludo más cercano reservado para ambientes informales, entre amistades y familiares.
3. **El beso.** Muy utilizado entre mujeres y para saludar un hombre a una mujer. Muy extendido incluso en actos oficiales. Da sensación de cordialidad y cercanía. En el caso de besar la mano (besamanos) ya no se lleva. Se puede hacer el gesto (la intención de besar la mano), pero sin llegar a besarla.

4. Otros saludos. Hay muchos tipos de saludos, o variantes de los anteriores. La palmada en la espalda, el apretón de manos con ambas manos, el apretón de manos agarrando el codo, las reverencias o pequeñas inclinaciones de cabeza, etc., incluso el beso cercano a la comisura de los labios (como los rusos). Salvo por cuestiones culturales, como el saludo ruso u otros similares, los saludos muy «familiares» no deben ejercerse en ámbitos demasiado formales. El saludo tiene un marcado carácter cultural, por lo que puede variar de un país a otro (e incluso de una región o zona a otra).

A las señales educadas a distancia a menudo le sigue un acercamiento desinteresado con una o ambas partes caminando lentamente hacia la otra. La gente baja la mirada, cruza los brazos por encima del cuerpo, o realiza gestos de acicalamiento.

A las muestras de entusiasmo a distancia le suele seguir un acercamiento acelerado en el que la atención de ambas partes se fija en la otra persona.

Cuando dos personas se encuentran, la reacción que se va a producir puede venir dada por la naturaleza de la relación o por el tiempo que hace que no se han visto. La mayoría de las personas usa la fase de aproximación para indicar si quieren abrazarse, besarse o simplemente van a estrecharse la mano. Cuando la gente duda sobre la manera de dar la bienvenida, lo más adecuado es decantarse por un apretón de manos o bien emite un saludo verbal.

Los rituales de bienvenida pueden ser simples saludos de respeto que resalten la diferencia de poder o bien saludos de solidaridad que expresen la alegría por el reencuentro.

Los saludos de solidaridad tienen un carácter simétrico, consisten en un beso mutuo y, a veces, en un abrazo. El acto de besarse se usaba como gesto de afecto y también como gesto de buena voluntad entre hombres y mujeres. Hacia el final de la época victoriana se empleó el apretón de manos como forma de saludo que indicaba solidaridad.

La historia de un saludo

La palabra saludo procede del latín *salutare*, esto es, desear salud, hacer a alguien cumplimientos, presentar nuestros saludos a alguien.

Su origen es ciertamente incierto, pero la mayoría de teorías concuerdan en que inicialmente se trató de una intención de demostrar a la persona con quien se cruzaba que no se tenía intención de agredirla o pelear con ella. De ahí la costumbre de levantar la mano abierta, para evidenciar que no se llevaba ningún arma oculta. Era, en toda regla, una demostración de cordial amistad.

La costumbre de estrechar las manos procede de las tribus primitivas, pues así lo atestiguan los antiguos jeroglíficos egipcios encontrados y que simbolizaban un pacto entre dos o más hombres. También los egipcios adoptaron el gesto del saludo inclinando el cuerpo y bajando una mano hasta la rodilla en señal de respeto.

Es en el siglo VI cuando se añade al saludo el beso en una o dos mejillas como expresión de cariño entre personas adultas. De todas maneras, durante la Revolución industrial se censuró el beso en las mejillas de forma pública, quedando reducido al ámbito privado.

Es entonces cuando se adoptó la costumbre de besar la mano de las personas de mayor nivel social primero, como cardenales, obispos, monarcas, en señal de respeto. En la actualidad los europeos mantienen la costumbre de dar besos en la mejilla al saludar a una persona conocida o que acaba de ser presentada. En algunos países se da un solo beso, en otros dos y en algún país se dan hasta tres.

El hábito de descubrirse la cabeza se mantiene en el medio rural.

El apretón de manos

El apretón de manos es, además de un saludo, una fuente de información importante acerca de la clase de personas que se están saludando. No siempre son señales aparentes y visibles para todo el mundo. En algunos casos, ni siquiera son evidentes para las mismas personas que participan del gesto.

Los apretones de manos pueden variar en función de quién los inicia, cómo se presenta la mano, cuántos zarandeos incluyen, quién controla el movimiento, si va acompañado o no de una sonrisa, lo que los individuos dicen cuando se saludan, etc. La mano, no hay que olvidarlo, se puede asir con fuerza, de manera suave, la mano puede estar húmeda o seca, y el resto del cuerpo puede estar más o menos inclinado.

A través de la forma en que se ofrece la mano, las personas expresan una faceta central de sus estados de ánimos, sus intenciones y los rasgos de su personalidad. Por ejemplo, cuando se ofrece la palma hacia abajo es que estamos ante una jugada de dominio. La persona tiene un carácter dominante, o se manifiesta así para ocultar sensaciones de inseguridad.

Una variante más de dominación consiste en no responder de inmediato al saludo. Esto provoca en el otro un estado de perplejidad que disminuye su capacidad de control muscular.

Ofrecer la mano con el cuerpo de perfil puede ser señal de desinterés, rechazo y desprecio, lo que hace sentir al otro por debajo en el escalafón social.

Un apretón demasiado fuerte indica una personalidad dominante, es signo de agresividad. El protocolo tácito de las normas de urbanidad considera ofensivo el acto de ofrecer la mano blanda.

Los apretones de mano pueden variar según el contexto. Un saludo demasiado corto, que se interrumpe súbitamente, expresa el deseo de huir de la situación, falta de compromiso o desinterés. Un saludo largo, en cambio, se usa como signo de felicitación o de pésame y tiene el significado de compartir sentimientos con la otra persona.

En cualquier caso, la decisión de iniciar un saludo debe recaer en las personas de mayor jerarquía. Cuando se trata de una cita concertada, no ofrecer la mano suele ser una estrategia para colocar al otro a la defensiva, para ponerlo en un estado de debilidad psicológica. Tomar la iniciativa y ofrecer la mano puede revelar ansiedad. Sin embargo, hay momentos en los que se siente que se debe avanzar y ofrecer la mano, aunque le corresponda al otro. Esta es una estrategia que puede utilizarse para demostrar interés en acercar posiciones, derribar barreras y estrechar relaciones.

- Un saludo con las palmas hacia arriba: Quienes ofrecen la mano de esta manera son personas que asisten a otros y suelen establecer formas constructivas de competencia. También puede tratarse de personas tímidas o inseguras que buscan el control y la guía de otros, e indicar sumisión

- Un saludo con las palmas hacia abajo: Expresa el deseo de de ejercer poder sobre el otro. También puede ser un intento de autoafirmación debido a sensaciones de inseguridad. Este acto viene normalmente acompañado por un brazo rígido y realizado con un fuerte abrazo.

- Signo de asertividad. La mano ofrecida en forma perpendicular proyecta una personalidad segura de sí misma, que reconoce al otro con respeto. Esta es la forma estándar más apreciada. Es la llamada «dar la mano como un hombre».

- Saludo frontal: Las orientaciones corporales informan acerca de las predisposiciones. El saludo frontal transmite asertividad e implica que se toma en cuenta la presencia del otro. Si la cabeza se orienta en forma frontal, pero el cuerpo permanece de perfil, se trata de un comportamiento de «huida».

- Saludo lateral: Señala falta de interés en la interacción. El cuerpo y la cabeza perfilados denotan menor compromiso que la orientación frontal. Cuando el saludo es corto y la persona pasa a ocuparse inmediatamente de otros asuntos, puede incluso llegar a significar menosprecio.

- Brazo estirado: Este gesto puede indicar tanto inseguridad como falta de interacción, pues mantiene al otro a distancia. Representa el impulso de resguardarse o imponerse, debido a que, por timidez o arrogancia, la persona no se permite una actitud más abierta en sus relaciones.

- Mano ahuecada: La ausencia de contacto entre las palmas causa una extraña sensación que puede ser interpretada, según las circunstancias, como rechazo, timidez, falta de confianza o falta de compromiso. Una mano que es ofrecida en forma ahuecada está indicando un obstáculo en la relación.

- Saludo solo con los dedos: El apretón en el que se toman los dedos es debido a que, por timidez o inseguridad, súbitamente una de las manos se retira un poco de la posición en la que se iba a producir el encuentro entre ambas. Otra posibilidad es que, por ansiedad, uno de los participantes se adelante y no deje llegar al otro.

- Contacto completo: Cuando las palmas se unen, el apretón resulta cómodo y firme a la vez, y produce una sensación agradable, de mutua confianza. Es una forma de transmitir cortesía, simpatía y respeto. Es importante que las palmas se sientan frescas y secas.

- Cubrir con la palma izquierda la mano de la otra persona representa una actitud protectora, que suele acompañarse con una postura erguida y una leva sonrisa. También se utiliza como signo de felicitación o gratitud, en cuyo caso el cuerpo se inclina hacia delante y la sonrisa es más amplia.

- Tomar del antebrazo: Se trata de un gesto de apoyo. Cuando lo realiza un par o un superior, significa aprobación. Puede estar fuera de lugar si lo realiza alguien de menor jerarquía. Cuando ambas partes se toman el antebrazo, suele ser un gesto de apoyo mutuo, pero también puede implicar rivalidad.

- Tirar hacia sí: Tomar al otro del brazo y al mismo tiempo tierra hacia sí puede tener dos dignificados antagónicos: de interés, que representa el deseo de incorporar al otro al quipo, o de dominancia, que señala la intención de controlar la conducta ajena.

- Una mano sobre el hombro: Suele ser un intento de ponerse por encima del otro, aunque también se da entre amigos que comparten un estilo de carisma dominante, en cuyo caso, ambos colocan su mano sobre el hombro del otro. A veces se trata de la forma en la que un superior le expresa apoyo a un subordinado.

- Elevar el mentón: Estrecharse las manos ofrece información importante sobre la relación. La distancia indica reserva, y la ausencia de sonrisas suele señalar falta de interés. El mentón elevado indica orgullosa posición.

- Dar la vuelta al rostro: El acto de dar vuelta al rostro equivale a rechazo. Cuando se produce en el saludo es señal de falta de interés, antipatía o soberbia.

Darse un abrazo

El abrazo es un ritual de saludo para la gente que se conoce y no se ha visto durante mucho tiempo o para aquellos que sienten la necesidad de dar su apoyo y consuelo a alguien. Un abrazo puede llegar a ser más íntimo que un abrazo social. Existen diversos tipos de abrazo y cada uno contiene una serie de gestos delatores.

- El abrazo del oso: Por regla general es el caso del abrazo de una persona que es más alta que otra. El que abraza se curva levemente sobre el más bajo, envolviéndolo con los brazos. El que es abrazado apoya la cabeza en el hombro o pecho del otro y rodea la cintura del que abraza. Los abrazos de oso se dan entre padres e hijos; abuelos y nietos. Entre amigos y entre esposos. Este abrazo transmite mensajes como «Te apoyo», «Cuenta conmigo», «Comparto tu dolor o alegría». Cuando se da en la pareja, se transmite una infinita ternura.

- El abrazo de las mejillas: Es un abrazo que demuestra ternura y bondad, y tiene una cualidad espiritual. Se suele dar sentado o de pie, pero precisa de un contacto físico total. Es un abrazo que se da entre amigos íntimos, entre la pareja o con un ser querido.

- El abrazo con forma de A: En este abrazo las personas, de pie y frente a frente, colocan los brazos alrededor de los hombros, quedando la cabeza de uno apoyada sobre el hombro del otro. Es un abrazo clásico y común en las relaciones recientes.

- El abrazo impetuoso: Es un abrazo breve, resultando de que una persona corre hacia el otro para abrazarlo. Este debe estar preparado para responder al apretón. Suele darse cuando ambos tienen poco tiempo, es suave y duradero.

- El abrazo grupal es para amigos que comparten un proyecto e interés común. El grupo suele colocarse en círculo y los brazos rodean hombros y cinturas. Este abrazo proporciona calidad de apoyo y afecto, además de un sentimiento de unidad y solidaridad.

- El abrazo de costado se da entre personas que caminan juntas y se toman por la cintura o por los hombros. Es común entre parejas o entre padres e hijos.

- El abrazo por la espalda: Quien abraza se aproxima al otro desde atrás, rodeando su cintura con los brazos y estrechándolo hacia sí. Es un abrazo juguetón, que transmite felicidad y apoyo.

- El abrazo de corazón: Los brazos de la persona deben rodear hombros y espalda y las cabezas se juntan para establecer un contacto físico. Es un abrazo sublime, largo, afectuoso, abierto y genuino.

- El abrazo zen: Una de las formas de practicar este abrazo es que la pareja se siente frente a frente y apoyen los pies con pies y manos con manos. No importa si se abren o cierran los ojos, pero la respiración debe ser profunda y con ritmo. La pareja debe estar concentrada solo en el momento presente y dejar que los pensamientos desaparezcan.

Las consecuencias de un beso

En ciertas ocasiones y sociedades, no sabemos si debemos dar la mano a una persona o bien darle dos besos en la mejilla. A grandes rasgos, pueden darse dos tipos de besos:

- los que se dan en la mejilla, que son besos sociales y se usan en las bienvenidas y en las despedidas.
- los que se dan en la boca, que en la mayoría de ocasiones parten de una historia amorosa.

La forma que la gente tiene de besarse por motivos sociales nos indica qué clase de personas son, sus actitudes y cómo se sienten ante el acto de besarse.

- Los besos en la mano: Es una manera muy respetuosa de saludar a una autoridad religiosa o a una señora. En el pasado tenía un sentido de respeto y veneración. La persona en el escalafón social más importante era la que generalmente entregaba la mano para ser besada. En la Iglesia católica se mantiene la costumbre de besar a un obispo o el anillo de la autoridad eclesiástica en cuestión.

- Los besos en la cabeza: Suele ser común que un hombre se lo dé a una mujer. Implica protección, compañía y apoyo. Si ya llevan mucho tiempo saliendo, es una buena señal que des un beso como este porque es signo de una relación madura en la que uno se preocupa por el otro. También es el modo al que recurren los padres cuando besan a sus hijos pequeños.

- Los besos en la mejilla: Independientemente de la atracción física, este beso transmite apoyo, afecto y complicidad. Son los besos sociales por excelencia. Existen diferencias culturales en este tipo de beso. Por ejemplo, en España, cuando dos personas se saludan, suelen darse un beso en cada mejilla. En cambio, en Holanda, en vez de dos, se dan tres besos. En cualquier caso suele ser un beso de puro convencionalismo cultural, y se usa para saludarse. Puede ser que los labios no establezcan conexión con la mejilla de la otra persona y se den al aire. Significa esto que la persona no se siente cómoda con el contacto físico.

- Besos en la frente: Es uno de los que más transmite sentimientos, representa ese gesto con el que intenta hacerte saber que desea protegerte y no quiere lastimarte nunca, que se preocupa por tu bienestar y seguramente es una compañía leal que nunca te fallará.

Gestos que delatan nerviosismo

Cuando una persona se siente amenazada suele mostrar ciertos signos que denotan nerviosismo. Es la respuesta a un peligro que parece evidente.

Existen dos tipos de ansiedad, la que es un rasgo inherente a la personalidad, en el que la persona tiende a estar nerviosa sin importarle la situación, y la ansiedad que es una respuesta a una situación en particular. En el primer caso, se trata de gente que suele interpretar la mayoría de las situaciones como amenazantes.

Ante una amenaza, las personas pueden defenderse, tratar de huir, atacar o bien mantener la compostura. Todas estas estrategias están asociadas a un estado fisiológico alterado, que se traduce en un aumento de los latidos del corazón, una respiración alterada o bien la transpiración en las manos, por poner unos ejemplos.

Sudoración en las manos

Las manos sudan más por factores emocionales que por motivos orgánicos. Esto es así por una zona de nuestro cuerpo llamado sistema nervioso autónomo. ¿Y qué es lo que hace? Él es quien rige nuestros nervios, nuestra ansiedad, el estrés, la pena o la alegría… él es quien ordena una sudoración en las manos cuando sentimos estas emociones.

Este tipo de procesos se producen de forma automática e involuntaria, no existe un control mental sobre ellos. En el caso de la sudoración de las manos, por ejemplo, la gente trata de ocultar este problema escondiéndolas. Nadie desea que los demás se percaten de esta situación, porque demuestra que no se tiene el control y da ventaja a los opositores. A pesar de ello, es posible recurrir a ciertas tácticas para tratar de que dicha desventaja no sea evidente.

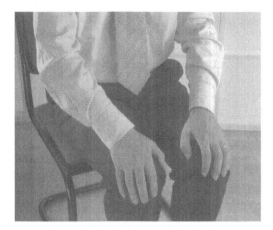

La transpiración

El sudor sirve para regular la temperatura del cuerpo. Pero también puede ser una respuesta a una enorme carga emocional, que por lo general coge a la gente desprevenida, especialmente si se sienten inseguros de sí mismos.

Por ejemplo, cuando una persona está a punto de realizar un discurso, su nerviosismo se traduce en unas gotas de sudor que inundan su cuerpo y que se hacen evidentes en la frente.

También es posible que la persona empiece a sudar al tiempo que experimenta un aumento en el ritmo de los latidos de su corazón. La persona que tiene que saludar a otra y siente su mano sudorosa suele secarse las manos discretamente antes de extenderlas a su interlocutor. Una de las formas más comunes de reducir este problema es desprenderse de alguna ropa que se lleve encima, lo que puede ayudarle a sentirse más fresco, sereno y sosegado.

La respiración

Cuando una persona se siente amenazada, suele respirar de forma más rápida, lo que se hace evidente en el tórax. Y, cuando un peligro nos acecha, solemos jadear y realizar inspiraciones más profundas. Es una reacción defensiva natural y sirve para preparar el individuo para escapar o bien para pelear. Hay casos de hiperventilación continua, en el que las personas inhalan más aire de lo normal y respiran con suma rapidez. Con la hiperventilación penetra más oxígeno en los pulmones, pero tiene el efecto adverso que reduce la cantidad de dióxido de carbono en el cuerpo, lo que provoca que la persona se sienta desorientada, mareada y experimente ciertos grados de ansiedad.

La hiperventilación

La hiperventilación es una respiración rápida y acelerada. Ocurre frecuentemente cuando corremos y cuando suspiramos. Se presenta habitualmente en personas que han aprendido malos hábitos de respiración desde la infancia tales como: respirar por boca, respiración acelerada, profunda o hábitos de inhalar más aire del que se exhala. Aun sin darnos cuenta también suele suceder cuando estamos ansiosos, estresados o temerosos.

Suele desencadenar una oleada de síntomas físicos y cognitivos. Entre ellos se encuentran: mareos, agitación, taquicardia, visión borrosa, sensación de despersonalización, dolor muscular, tensión, contracturas, fatiga, agotamiento mental, cansancio físico, insomnio, etc. A su vez el miedo intenso frente a los síntomas activa aun más y más la sintomatología. Entre ellos es posible que aparezcan los siguientes: palidez, problemas digestivos, sensación de baja presión, sudoración, etc.

Quienes respiran con normalidad, de una manera lenta y reposada, suelen tener más confianza en sí mismos y gozan de una mayor estabilidad emocional. En cambio, quienes respiran de manera rápida y entrecortada tienden a estar más preocupados, son tímidos e inseguros. Es posible aliviar los sentimientos de ansiedad si se respira adecuadamente.

La respiración es un acto inconsciente. Casi nunca somos conscientes de cómo es nuestra respiración en las actividades cotidianas, quizá por ello somos poco conscientes del acto de respirar. De la misma manera, cuando estamos con otras personas en una reunión, no somos conscientes de cómo es su pauta respiratoria. Pero si la observáramos a conciencia podríamos averiguar mucho acerca de sus sentimientos y emociones.

La postura

Ante la posibilidad de una agresión las personas suelen confiar en sus manos y brazos para atacar, y sus piernas para huir, si es necesario. A menudo, transforman su cuerpo en un escudo protector. Y es que el blindaje es una actitud de tensión a la hora de recibir un ataque. La tensión en la parte frontal se produce al echar los hombros y la pelvis hacia atrás y tensar los músculos al mismo tiempo. Cuando las partes frontal y lateral del cuerpo quedan encerradas por la rigidez de los músculos se puede decir que el cuerpo está blindado.

La gente segura de sí misma suele ejercer unos movimientos suaves, mientras que las personas nerviosas tienden a moverse de manera espasmódica y desigual. Sus constantes movimientos hacen entrever un exceso de energía.

Cuando una persona intranquila golpea el suelo de manera reiterada con su pie significa que tiene ganas de salir corriendo, igual sucede cuando está jugueteando con unas llaves.

Si una persona es nerviosa e intranquila suele adoptar la postura de los pies en tijera cuando está de pie, con las piernas extendidas y cruzadas bien sobre la rodilla, bien sobre la pantorrilla. Y si las piernas no están cruzadas tiende a ponerlas juntas, a menudo con los pies ocultos bajo la silla. Y es que cruzar las piernas confiere una sensación de protección que aporta seguridad.

La gente que precisa de apoyo en su quehacer diario suele tener casi siempre los muslos juntos, ya que así aumenta la superficie de contacto con uno mismo.

Tener las piernas cruzadas es también una muestra de que se tiene la intención de no moverse del lugar. Pero la ansiedad también produce otras formas de inactividad.

Cuando una persona está nerviosa, puede manipular obje- tos con las manos -el reloj, las llaves, un anillo- o tocarse los brazos, la cara u otras partes del cuerpo con el fin de lograr apoyarse en sí mismo. La parte que se toca suele revelar bas- tante información de sí mismo. Por ejemplo, una persona que se estira la piel bajo la barbilla indica que está preocupado por su aumento de peso. Otros ejemplos serían:

Pellizcarse o tocarse alguna parte de la cara (frente, pelo, cejas, oreja, labios) o morderse las uñas: Dudas, Inseguridad, nerviosismo.

- Tocarse la nariz mientras se habla: Se está mintiendo.

- Apoyar la mano en la barbilla: Aburrimiento, falta de interés por cansancio.

- Acariciarse el mentón: Aceptación positiva, toma de decisiones.

- Retorcer y entrelazar las manos, abrir y cerrar los pu- ños: Ansiedad.

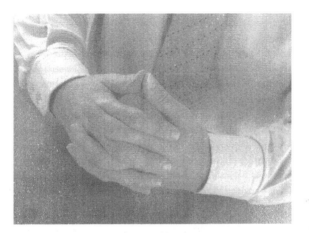

- Entrelazar los dedos: Autoridad y seguridad.

- Palma de la mano abierta y hacia arriba: Sinceridad, buenas intenciones.

- Jugar con un bolígrafo, anillo o cualquier otro objeto: Distracción, nerviosismo.

- Golpear ligeramente los dedos contra una mesa o reposabrazos de la silla: Impaciencia.

- Tener los brazos cruzados a la altura del pecho: Actitud defensiva.

- Sujetar algo contra el pecho (chaqueta, bolso, portafolios…): Miedo a los retos.

Otra forma de demostrar ansiedad es manipulando las gafas. Según como se manipulan, se puede obtener información acerca de la personalidad o actitud de la persona. Por ejemplo, llevarse la patilla de las mismas a la boca puede considerarse un gesto de afirmación de la propia seguridad ante el estrés o el nerviosismo. En general llevarse cualquier objeto a la boca, como un pulgar, un cigarrillo, es un gesto de autoafirmación que sirve para tranquilizarnos y ganar en seguridad.

Llevarse la patilla de la gafa a la boca también se usa estratégicamente para ganar tiempo a la hora de tomar una decisión. Quitarse las gafas y limpiarlas –otro gesto habitual- es otra forma socialmente aceptable de ganar tiempo. Y el hecho de volver a ponerse las gafas tras esto significa que quiere «ver» de nuevo las cosas.

Mirar por encima de las gafas suele interpretarse como un juicio crítico. La persona que recibe esta mirada puede ofenderse, ya que se siente investigado, juzgado, llenándose de sentimientos negativos.

La gente se tapa los ojos para evitar la visión de algo, y cuando se tapa la boca lo hace para disimular su desasosiego y evitar el impulso de decir algo de lo que más tarde quizá pueda arrepentirse.

Una persona insegura también suele arropar la cabeza con sus manos; de esta manera siente que se protege de posibles amenazas, bien sean reales o imaginarias. Esta postura puede verse también en una reunión tensa, en la que las diferentes partes discuten y alguna de las personas trata de protegerse y ahuyentarse adoptando esta postura. Algunas personas se arropan la cabeza y otras sitúan sus manos alrededor de su cuello por la parte dorsal, con los codos echados hacia atrás y el pecho expandido. Se trata también de un gesto camuflado de agresión, por su apariencia amenazadora.

La mayoría de gestos que denotan ansiedad están asociados con los labios, la boca, la garganta, el esófago y el estómago. Nuestras emociones están pues, ligadas al sistema digestivo. Cuando la gente se siente nerviosa, determinados reflejos asociados al sistema digestivo entran en acción.

- Por ejemplo, tener la boca seca. Este hecho viene provocado porque las glándulas salivares han dejado de trabajar. Un signo distintivo de este hecho es que la voz de la persona suena seca y mecánica.

- Tener tos. La gente ansiosa suele experimentar una sensación de cosquilleo en la garganta que le provoca tos, la mayoría de las veces de manera incontrolable. También el exceso de saliva en la parte posterior de la garganta puede ser causante de la tos.

- Tragar saliva también es un acto que la gente realiza cuando está nerviosa.

- Los labios son la parte más susceptible y directa de expresar los sentimientos. Ello puede apreciarse tanto en el movimiento de los labios como en las formas en que estos entran en contacto con los dientes. Mordérselos puede estar relacionado con:

❏ Sufrir trastornos de ansiedad.
❏ Pueden ser nervios ante determinada situación.

❏ Una forma de mostrar que algo ha salido mal.

❏ Es una muestra de educación o coqueteo.

- Morderse las uñas. Es un acto que denota una autoestima baja. También puede asociarse a un signo de hostilidad inhibida: el individuo desvía su agresión hacia sí mismo en lugar de hacia otras personas.

También la ansiedad puede reflejarse en la voz. Si una persona está nerviosa, aumenta su tensión muscular y su voz de torna más aguda. Eso demuestra que las perturbaciones en el tono de voz son evidentes muestras de ansiedad. Otro indicador de nerviosismo es hablar en voz alta. Su efecto contrario, esto es, hablar en voz baja, es sinónimo de tristeza y de estar bajo los efectos de una depresión.

Las personas que se hallan bajo presión suelen hablar más rápido. Ello sucede también porque no quiere asignar a otros el papel protagonista de la conversación. Paradójicamente, las personas que hablan más rápido suelen tomarse su tiempo a la hora de responder alguna cuestión. La razón es que dedican más tiempo que nadie a pensar el tipo de respuesta que han de dar.

Cuando la gente que sufre ansiedad crónica habla, tiende a realizar menos pausas, mientras que, las personas que la padecen de manera momentánea, suelen realizar más pausas de lo normal. Las pausas suelen rellenarse con sonidos e interjecciones que permiten al sujeto pensar y dar a entender a los demás que aún tiene mucho que decir.

6. El lenguaje más seductor del cuerpo

En el juego de la seducción tienen gran importancia los gestos delatores de las intenciones de cada uno. Interpretarlos correctamente es fundamental para saber las reales intenciones del otro. En este juego, los participantes intercambian información acerca de su inclinación sexual, su disponibilidad, su predisposición y también su compatibilidad.

Cuestión de apariencias

Las características físicas de hombres y mujeres sirven como indicios sexuales que permiten saber si un hombre y una mujer sienten una cierta atracción mutua. Así, en los hombres, se suele valorar la presencia de pelo en la cara y pecho, una voz profunda, un cuerpo grande y musculoso. En las mujeres son los pechos, una zona pélvica amplia, un cierto depósito de grasa en las caderas y glúteos, etc. Los hombres creen que las mujeres con grandes pechos y con curvas son más atractivas. Las mujeres piensan que los hombres con hombros cuadrados y trasero firme y atlético son más atractivos.

De todas maneras, los atributos físicos que nos hacen atractivos en una determinada sociedad difieren notablemente de los que puedan parecerlos en otras sociedades alejadas de la nuestra. Aún con eso, los criterios de los hombres y mujeres pueden ser muy diferentes. Desde el punto de vista evolutivo, por ejemplo, difieren notablemente: un hombre suele buscar una compañera que pueda dar a luz muchos hijos sanos y que sea fuerte para cuidar de ellos. En cambio, una mujer suele buscar un hombre que le aporte seguridad económica y la proteja tanto a ella como a sus hijos.

Hay personas, no obstante, que se alejan de este modelo evolutivo y buscan experiencias completamente alejadas de los estándares citados. Por ejemplo, hay hombres que no persiguen necesariamente a mujeres hermosas, sino que suelen ir tras aquellas otras que transmiten las señales correctas.

En conclusión, puede decirse que una mujer que posee los atributos físicos adecuados pero que los sabe complementar con las señales correctas, puede parecer más atractiva a los hombres que una mujer con los atributos adecuados pero que no sabe producir dichas señales. Una conducta seductora es aquella que acentúa las características sexuales de una persona: una mueca sensual, un arqueo de la espalda en la mujer pueden ser herramientas muy útiles para acentuar los atributos físicos. En el hombre, expandir el pecho o bajar el tono de voz puede servir para los mismos fines.

Cuando un hombre intenta parecer atractivo a una mujer recurre a conductas estereotipadas: sentarse con las piernas abiertas, extender los pies en un espacio compartido, abrir los brazos y, en general, dar la impresión de que posee una gran estructura. La mujer, en cambio, exhibirá unos movimientos más lentos, una gesticulación modesta y, en general, dar la impresión de que necesita menos espacio físico para su cuerpo. Aunque las expresiones faciales de ambas suelen invertirse, la mujer se muestra más animada mientras que el hombre tratará de dar la impresión de que es más reservado.

Es decir, el hombre tratará de mostrar su fortaleza y un excelente estado de salud, mientras que la mujer será la encargada de llevar a cabo la «propaganda sexual», vistiéndose para gustar, acicalándose el pelo, maquillándose o perfumándose. Se trata de complementos visuales y olfativos primitivos que hoy en día han derivado en atributos como la riqueza y las posesiones. La disponibilidad sexual puede manifestarse de muchas formas distintas, como por ejemplo, eligiendo la ropa que vestiremos, las partes del cuerpo que expondremos a la vista, las posturas que asumiremos, las expresiones faciales o las palabras que diremos.

Unos consejos para parecer más atractivos

- Mantenga una postura abierta, sin cruzar los brazos. Intente que sus pies apunten a la pareja potencial, ya que se trata del objeto de interés. Muestre sus manos para generar confianza. Y si quiere atraer a un hombre, muestre sus muñecas, ya que es una zona percibida como sensual por ellos. Utilice el contacto físico, como tocarle un brazo, pero no demasiado (ya que la otra persona puede sentirse invadida).

- El rojo es el color del atractivo físico por antonomasia. Se ha asociado siempre a la pasión, a lo erótico, al poder y virilidad. Según varios estudios el color rojo tiene mucha influencia en la percepción de una pareja potencial. Los investigadores encontraron que tanto las mujeres como los hombres perciben como más atractivos, sexualmente deseables y sexualmente receptivos, a personas que visten de rojo o que están en un ambiente rojo. Además, esta preferencia sexual por los estímulos rojos funciona a nivel inconsciente.

- La expresión emocional que muestre en su cara, va a influir mucho en cómo de atractivo le perciban los demás. Un estudio analizó cómo de atractivas la gente percibía expresiones emocionales de orgullo, vergüenza y felicidad comparadas con una expresión neutral. Los resultados mostraron que las mujeres con expresiones faciales de felicidad son vistas como las más deseables. Por el contrario, los hombres que sonríen mucho son percibidos como los menos atractivos. Sin embargo, los hombres que expresaban orgullo eran vistos como los más atractivos, mientras que si lo hacían las mujeres eran vistas como las menos deseables. La expresión de vergüenza era considerada como relativamente atractiva en los dos sexos.

- Los olores agradables influyen en la percepción de las otras personas. En este caso, las mujeres son vistas como más atractivas si les acompaña un olor agradable. Los investigadores creen que en el cerebro, las áreas encargadas de procesar la información visual y la olfatoria comparten ciertas zonas o conexiones. Otro estudio muestra que llevar desodorante aumenta nuestro atractivo, tanto en mujeres como en hombres.

Además, los hombres con bajos niveles de masculinidad pueden aumentarla usando desodorante con olores fuertes. Los que ya tenían altos niveles, el uso de desodorante no les afectaba.

- No solo el físico es importante a la hora de calificar a una persona de atractiva. La personalidad también tiene mucho que ver. Según varios estudios una personalidad positiva conduce a una mayor deseabilidad, no solo como amigo, sino, en última instancia, como una pareja romántica. Incluso, el grado de atractivo percibido en una persona puede cambiar dependiendo de si tiene rasgos positivos o negativos.

- Intentar aparentar que somos perfectos, lejos de aumentar nuestro atractivo, puede ser contraproducente, ya que podemos dar una imagen falsa y fingida. En psicología existe un fenómeno, llamado efecto Pratfall, que consiste en que seremos percibidos como más atractivos si mostramos algún defecto o cometemos algún error.

El efecto Pratfall

El efecto Pratfall es un fenómeno psicológico por el cual el atractivo de una persona aumenta si se trata de alguien considerado como competente pero que de vez en cuando comete algún error. Por el contrario, el atractivo de una persona disminuye si la persona supuestamente «perfecta» no comete errores nunca, o la persona considerada claramente incompetente, comete errores.

El arte de la seducción

El acto de seducir es casi siempre una cuestión de elección femenina. La primera señal de aproximación suele hacerla casi siempre la mujer, una señal que puede no ser explícita, pero que puede mostrar al hombre la idea de que tiene el camino libre. Cuando el hombre toma la iniciativa sin que una mujer se haya fijado previamente en él, sus posibilidades de éxito suelen ser bastante escasas.

Las mujeres producen una extensa gama de gestos delatores de aproximación. Entre ellos, cabe distinguir:

- Una mirada incipiente: Una mujer que siente cierta atracción por un hombre puede lanzarle una mirada prolongada, manteniéndola unos pocos segundos.

- Una mirada fija: En vez de lanzar varias miradas breves, la mujer también puede mostrar su accesibilidad con una mirada larga y profunda que ocupe varios segundos. Al fijar la mirada en un hombre durante un tiempo largo, la mujer está indicándole que está preparada para avanzar en la siguiente fase.

- Una mirada con parpadeo: Cuando una mujer atrae la mirada de un hombre puede prolongar su atención realizando una mirada con parpadeo. El gesto puede ser prácticamente imperceptible y solo puede ser evidente por la persona a la que va dirigido.

- Tocarse el pelo: Cuando una mujer atrapa la atención de un hombre puede pasar a la fase siguiente tocándose el pelo para indicar su accesibilidad. También puede ladear la cabeza para mover el pelo. Se trata de un gesto seductor para llamar la atención de un hombre.

- Resaltar los labios: Una mueca sensual con la boca o deslizar la lengua lentamente por los labios también es un indicador de accesibilidad. Se trata, ni más ni menos que de atraer la atención hacia los labios, una de sus características sexuales primordiales. Es esencial que estos gestos no se prolonguen demasiado en el tiempo, y que se realicen de forma sutil.

- Una sonrisa: Una invitación a acercarse por parte de una mujer a un hombre también puede hacerse con una sonrisa. Tímida, breve y confinada. Esta la manera de invitar a un desconocido a seguir.

Las posturas que un hombre y una mujer adoptan al conocerse por primera vez revelan a menudo sentimientos ocultos que sienten el uno hacia el otro. Un hombre que trata de entablar una relación con una mujer que se cruza de brazos y de piernas en la primera cita tendrá pocas posibilidades de éxito. Por el contrario, un hombre que se sienta con las piernas separadas e inclina el cuerpo en dirección a una mujer está indicando que la encuentra atractiva y que está tratando de impresionarla.

Una actitud corporal abierta generalmente indica plena disponibilidad a iniciar una relación, mientras que una postura cerrada señala lo contrario.

Si una mujer cruza y descruza las piernas continuamente significa que está tratando de llamar la atención sobre sus piernas. Esto lo puede hacer de manera deliberada o bien con cierta intencionalidad.

Como norma general puede decirse que, cuanto más cerca está una persona de otra físicamente, más unidos están emocional y sexualmente. Es cierto que, en las primeras fases del cortejo, las parejas necesitan guardar el espacio de la otra persona, tratándolo con precaución y respeto.

Las mujeres que tratan de impresionar a un hombre suelen acentuar sus rasgos más femeninos al caminar. Por ejemplo, balanceando más sus brazos o girando los brazos hacia fuera. En cambio, los hombres que desean proyectar una imagen más varonil suelen balancear los brazos a lo largo del cuerpo, impulsándolos hacia delante y rotando las muñecas hacia dentro para destacar el hecho de que sus brazos están más pronados que los de las mujeres.

Ambos suelen caminar de manera vigorosa para mostrar su vitalidad y aspecto juvenil, dando la impresión que tienen mucha energía.

Señales delatoras

Durante las primera fases del cortejo, hombres y mujeres suelen hacer cosas para conseguir ser más atractivas y conseguir la atención de la otra persona.

- Por ejemplo realizando señales de asentimiento con la cabeza ante el discurso de la otra persona.

- Las mujeres suelen acudir a un gesto recurrente como tocarse el pelo, una manera de querer parecer más atractiva. También suelen ladear la cabeza para intentar parecer más atractivas y como señal de concordia.

- Otro de los gestos que habitualmente realizan las mujeres es elevar los hombros, arquear las cejas y sonreír a la vez.

- Gestos de exhibición: Por ejemplo elevar la barbilla y girar la cabeza para transmitir una visión obstruida del cuello. Se trata de exhibir una parte del cuerpo vulnerable o que puede resultar particularmente atractiva. Una mujer que siente atracción por un hombre suele deslizar sus manos por el propio cuello para indicarle que puede ser una pareja adecuada para él. Se trata de movimientos realizados con los dedos de la mano para indicar determinadas zonas del cuerpo humano.

Señales que se realizan con los ojos

Los ojos emiten señales muy poderosas de atracción, pueden expresar cosas más profundas que las mismas palabras.

- Los ojos bien abiertos son una señal de indefensión, por lo que parece estar buscando protección por parte de su pareja.

- Al agachar la cabeza la barbilla se insinúa más pequeña y la parte superior de la cara parece más grande. Cuando una mujer agacha la cabeza mientras mira a su pareja, se empequeñece y, por tanto, expresa una mayor necesidad de protección.

- Las pupilas dilatadas son muestra de una gran excitación. Controlarlas voluntariamente no es posible.

El sentido del tacto

Al tratar de seducir a una persona empleamos el sentido del tacto de una u otra manera y en un tiempo más o menos prudencial.

- Si una atmósfera está cargada de aires de seducción la gente suele tocarse a sí misma por un sinfín de razones. Tocarse la cara o acariciarse un brazo es una manera de darse seguridad a sí mismo y también una manera de llamar la atención sobre una parte del cuerpo. Son gestos que ocurren de manera inconsciente, porque ni la persona es capaz de hacerlos a propósito ni quien lo observa conoce los propósitos finales de tal acto.

- Cuando el hombre percibe que puede acercarse a la mujer durante el acto del cortejo, suele ser el primero en acariciar a su pareja. En las relaciones amorosas, las mujeres reciben casi siempre más caricias que los hombres, entre otras cosas porque son más sensibles al tacto que estos. El acto de tocar a una pareja se convierte así en un importante signo de amor y de afecto.

- También se pueden revelar los sentimientos hacia otra persona por la manera cómo se tocan y manipulan los objetos.

Movimientos y posturas que indican compatibilidad o rechazo

Ciertas muecas faciales como bostezar, fruncir el entrecejo, negar con la cabeza una y otra vez o cruzarse de brazos y de piernas (si se está sentado) indican a las claras que se ha producido un rechazo a la pareja. Sirven para frenar al hombre cuando este trata de acercarse a una mujer.

Las parejas inmersas en un juego de seducción revelan a menudo su compatibilidad a través de los movimientos y las posturas que adoptan. Las personas que se sienten atraídas tratan de coordinar sus movimientos y prestar atención a sus propias posturas.

Cuanto más cerca estén dos personas emocionalmente, más similares serán las posturas que adopten. También las personas sienten una mayor compenetración después de haber asumido la misma postura. Llegar a esta sintonía no se hace de manera consciente, sino que se trata de un trabajo que realiza el inconsciente de manera espontánea.

Determinadas posiciones están vinculadas a ciertas emociones. Así, cuando dos personas adoptan posturas similares, muestran una mayor propensión a experimentar los mismos sentimientos.

Indicios de rechazo

Existen una serie de indicios no verbales que indican que una persona no siente atracción por su acompañante. Algunos de estos indicios son:

- Mirar por la ventana al reloj o a la pulsera reiteradamente.
- Hacer sonidos con el pie golpeando el suelo o tamborileando los dedos sobre la mesa.
- Balancear las piernas.
- Apoyar la cabeza sobre la mano.
- Cruzar los brazos. Al principio puede ser normal pero si continúa con la misma postura todo el encuentro, puede ser una señal de rechazo que no quiere que le invadas su terreno.
- Beber y/o comer mucho.
- Sostener la copa o vaso en alto.
- Los pies apuntando en cualquier dirección menos hacia el acompañante.
- No emplear el sentido del tacto con la otra persona.

De la misma manera que sucede con las emociones y sentimientos, también pasa lo mismo con las rutinas diarias. La gente que copia las posturas de otros también se halla en franca compenetración. Por el contrario, cuando dos personas supuestamente afines emocionalmente no copian las posturas de su pareja se trata de uno de los síntomas claros de incompatibilidad.

También existen signos que dan a entender que una relación está profundamente afianzada: gestos de distracción, falta de concentración, suspiros, tartamudeos, dificultad para dormir, etc. Algunos de los síntomas psicológicos son fácilmente detectables: inmersión en los propios sentimientos, grandes preocupaciones, fijación por determinadas rutinas, etc.

En ocasiones sucede que una persona se dedica a engañar a su pareja y recurre a mil subterfugios y peripecias con tal de borrar las huellas de su infidelidad. A pesar de ello siempre se pueden dejar huellas. Por ejemplo, alterar la rutina establecida, un aumento de la irritabilidad, una preocupación excesiva por el peso y por la apariencia, un semblante distraído, llamadas de teléfono anónimas y una falta de interés por la actividad sexual.

7. Sospechosos habituales

Mediante el lenguaje oral muchas personas viven de pequeños embustes, explicaciones confusas, invenciones y mentiras descaradas. Y los engaños pueden llegar a ser habituales en las personas que intentan impresionar a otras, ya sea por un interés laboral o personal.

Algunos estudios señalan que los hombres son más propensos a mentir para que ciertos hechos de su vida parezcan más extraordinarios, mientras que las mujeres se decantan por mentiras cuyo objetivo final es tratar de que los otros se sientan mejor.

Detectar mentiras

La gente que desea llegar lejos profesionalmente es más propensa a recurrir a la manipulación y a la mentira sin tener ningún tipo de remordimiento.

Quienes mienten con asiduidad suelen ser muy populares entre su círculo más íntimo, posiblemente porque sus mentiras son capaces de seducir a los demás.

El 90% de las mentiras están flanqueadas por gestos delatores que pueden dejar rastros manifiestos para ser detectadas. Pero si el círculo de amistades en el que se mueve un mentiroso es muy cercano y habitual, las mentiras pueden ser más fácilmente identificadas.

Edwin Neumann

Cuando dos personas entablan una amistad son más propensas a permitir que sus emociones se entrometan en el camino de las aptitudes analíticas, reduciendo con ello su capacidad para detectar mentiras.

Existen varios indicios para detectar mentiras en nuestros interlocutores:

- Aceleración del ritmo cardíaco y la respiración.

- Cambio de la temperatura corporal y sudoración.

- Sequedad bucal.

- Incremento de flujo sanguíneo, que produce picazón en las zonas más irrigadas del cuerpo, como pueden ser la cabeza, el rostro, la nariz. De ahí que suele asociarse el hecho de tocarse o rascarse la nariz con la mentira.

- Falta de contacto visual (se desvía o baja la mirada).

- Conducta entrecortada o falta de fluidez.

- Mayor inquietud.

- Más cantidad de silencios, pausas y titubeos al hablar.

- Dificultad para encontrar las palabras adecuadas.

- Se demora más tiempo en responder.

- Se adopta una sonrisa forzada para enmascarar las verdaderas emociones.

- Hay negaciones enfáticas o atenuadas («No que yo sepa») cuando se la cuestiona.

- Surgen detalles ambiguos y contradictorios.

- Posturas defensivas como cruce de brazos, piernas, pies o manos.

Cuando hay signos evidentes de que una persona no está diciendo la verdad, estos pueden pasar desapercibidos porque muchos de quienes le rodean se niegan a admitir, por una causa o por otra, que su interlocutor miente. Hay personas que ansían creerse determinadas mentiras, convirtiéndose así en conspiradoras del mismo engaño. Las personas exponen toda clase de motivos para ignorar el hecho de que alguien les está mintiendo.

También resulta en ocasiones difícil discernir entre aquellos que mienten y aquellos que dicen la verdad. Quienes no esperan que los otros les engañen suelen mostrar cierta relajación en sus intercambios sociales y exhiben una clara actitud de no estar alerta ante los posibles embustes. Como resultado de ello, estos individuos suelen identificar fácilmente a las personas francas, pero no tanto a las mentirosas. En cambio, las personas desconfiadas suelen identificar fácilmente a los mentirosos, pero no logran reconocer a quienes dicen la verdad.

Se puede identificar a un embustero buscando pistas acerca del fraude o bien confiando en la intuición, pero a veces, cuando se trata de detectar un fraude en ocasiones la intuición funciona más como un obstáculo como una ayuda.

Existen hechos, como el que una persona se toque la nariz, que parecen indicar muy claramente que una persona miente. Pues bien, se trata muchas veces de conjeturas que no contemplan la posibilidad de que las acciones y las articulaciones verbales pueden aportar a veces pistas falsas de un estado mental que no tiene nada que ver con una acción fraudulenta. Cuando alguien miente suele ponerse nervioso, su respiración se torna más rápida, su corazón late más deprisa y sus manos empiezan a sudar con profusión.

También puede suceder que no sea posible detectar una mentira porque la gente busca indicios en el lugar equivocado, esto es, se fija únicamente en aquellos datos que considera que son signos reveladores de una mentira. Las personas responden a través de dos señales evidentes: el acto de desviar la mirada o de agitar nerviosamente las manos. Otros signos de falta de honestidad son la sonrisa forzada, el parpadeo rápido, las pausas prolongadas y la acción de hablar muy rápidamente o con mucha lentitud.

Contacto ocular

Al contrario que la creencia popular afirma, un mentiroso no siempre evita el contacto ocular. El ser humano evita el contacto ocular y mira hacia objetos de forma natural para centrarse y recordar. De hecho, se ha demostrado que algunos mentirosos tienden a incrementar el nivel de contacto ocular porque siempre se ha considerado un signo de sinceridad.

Existe la creencia extendida de que alguien que no mira al interlocutor directamente a los ojos está mintiendo. Puesto que los mentirosos se sienten culpables, avergonzados y recelosos, resulta difícil mirar directamente a los ojos y por ello desvían su mirada.

No es fácil detectar los sentimientos de engaño a través de un elemento tan inestable como la mirada, ya que los embusteros más experimentados pueden usar los ojos para embaucar y proyectar una imagen honesta de sí mismos. Es más, muchos son capaces de incrementar la intensidad y el tiempo de exposición de su mirad para dar la impresión de que están diciendo la verdad. Por tanto es importante escrutar los momentos en que el interlocutor emplea la mirada con una intensidad desmedida.

Otro de los síntomas que pueden dar a entender que nos están engañando es un incremento de la tasa de parpadeo. Cuando la mente se acelera se incrementa la tasa de parpadeo. Un mentiroso pasa normalmente por una fase de estimulación y, cuando alguien trata de salir del paso de un dilema, su mente empieza a procesar la información de una manera más veloz. Por tanto, la mentira se asocia frecuentemente con un incremento de parpadeo.

Otros gestos corporales

Cuando una persona mueve sus manos de manera nerviosa es indicio de actitudes poco honestas. La gente, cuando se pone nerviosa, suele realizar movimientos forzados con las manos.

Cuando alguien miente suele sentirse inquieto o culpable por la posibilidad de ser descubierto. Al igual que sucede con la mirada, los gestos de las manos acostumbran a ser controlados de una manera consciente, por lo que no son una fuente informativa de confianza sobre la franqueza del individuo.

Hay otras partes del cuerpo que también se hallan bajo un control consciente pero a los que no se les presta toda la atención, y suelen ser una fuente de pistas muy efectivas respecto a actitudes fraudulentas.

Por ejemplo el gesto de taparse la boca, quizá como tratando de encubrir la mentira. Se puede tapar la boca por completo o solamente sosteniendo la barbilla y, con un dedo, apoyarlo en la comisura de los labios.

Cuando la persona miente se toca la nariz lo hace como sustitutivo del acto de taparse la boca. Este gesto sutil tiene la verdadera intención de tapar la boca pero, como un acto más de disimulo, centra su objetivo en la nariz. Es el llamado síndrome de Pinocho.

Síndrome de Pinocho

El Síndrome de Pinocho es la forma coloquial que se da a un trastorno emocional y mental llamado psiquiátricamente mitomanía y es la forma más extrema que cobra la mentira.

Cuando en la edad adulta observamos a personas que rodean su vida con mentiras y engaños para justificar acciones o para ajustar sus defectos de autoestima, entonces nos encontramos ante un serio problema.

Los engaños se convierten en parte del estilo de vida de la persona, quien en algunas ocasiones se enreda tanto en sus embustes que termina creyéndolos reales. Son personas que inventan historias fabulosas sobre sus vidas, condición económica, familia, estudios y trabajo, con tanta seguridad que es complicado no creerles. Lo más extraño, es que no lo hacen conscientemente. Los embustes son espontáneos, inevitables y continuos.

Cuando una persona suelta una mentira lo primero que hace es ocultar la verdad, pero también trata de enmascarar cualquier emoción que pueda desprenderse de sus embustes. Las estrategias de girar la cabeza o cubrir la cara no siempre funcionan porque tienden a encauzar la atención hacia lo que el mentiroso está tratando de encubrir.

Bibliografía

Davis, Flora; *La comunicación no verbal*, Alianza, Madrid, 2002, 23 Ed.

Descamps, Marc-Alain; *El lenguaje del cuerpo y la comunicación corporal*, Deusto Bilbao, 1993.

Fast, Julius; *El sublenguaje del cuerpo*, Paidós, Barcelona, 1994.

Fast, Julius; *El lenguaje del cuerpo*, Kairós, Barcelona, 2003, 16 Ed.

Knapp, Mark; *La Comunicación no verbal*, Paidós, Barcelona, 2001, 7 Ed.

Mínguez Vela, Andrés; *La otra comunicación no verbal*, Esic, Madrid, 1999.

Pease, Allan; *El lenguaje del cuerpo. Cómo leer el pensamiento de otros a través de sus gestos*, Paidós, Barcelona, 2004, 5 Ed.

Poyatos, Fernando; *Comunicación no verbal I. Cultura, lenguaje y conversación*, Istmo, Madrid, 1994.

Poyatos, Fernando; *Comunicación no verbal II. Paralenguaje, kinésica e interacción*, Istmo, Madrid, 1994.

Poyatos, Fernando; *Comunicación no verbal III. Nuevas perspectivas en novela y teatro y en su traducción*, Istmo, Madrid, 1994.

Rebel, Günther; *El lenguaje corporal*, Edaf, Madrid, 1995.

Wainwright, Gordon; *El lenguaje del cuerpo*, Pirámide, Madrid, 1998, 6 Ed.